나조차도
이해할 수 없는 문장이
쏟아져 나오곤 한다

나조차도
이해할 수 없는 　　문장이
쏟아져　　　나오곤 한다

신재현 지음

좋은땅

흰 종이 밖으로 의미가 걸어 나갔듯이 울타리를 넘어간 발목이 있었다.

발목은 도시의 경계를 넘어 무작정 바다로 향했고, 반도의 끝에 다다랐다.

발목에게 남은 건 신발 한 켤레, 종이와 펜을 꼭 쥐고 있는 손목 한 짝.

발목은 바다가 보이는 절벽 위에 주저앉아 펜을 잡았다.

스쳐 지나가는 바닷바람에서도 문학의 목소리가 들려오던 그 시절,

나조차도 이해할 수 있는 문장이 쏟아져 나오기 시작했다.

시작하기에 앞서

자, 이제 옛날이야기를 시작해 볼까?

어디서부터 어떻게 말해야 좋을지, 사실 나도 잘 모르겠다.
처음으로 '시'를 발견한 순간이 언제였는지, 이제는 가물가물하다.

시선이 머물던 아스팔트 위에서도 시가 될 문장이 피어올랐고,
지나는 배달 오토바이의 소음마저 시가 될 수 있음을 알았다.
그러므로 내 안의 이 목소리도 시가 될 수 있으리라.
그렇게 나는 자칭 '시인'이 되었다.

참 열심히 썼다.
초짜 글쟁이의 낯부끄러운 문장부터, 구조를 갖춘 글 한 편까지.
쓰는 게 좋아 휴학을 했고, 쓰고 싶어서 길을 떠났다.
수율 낮은 대게 다리처럼 건질 만한 건 많지 않지만,

그래도 수백의 글이 디지털 화면 속을 부유한다.
그래서, 대체 어디서부터 어떻게 정리해야 좋을까?
몇 해를 쓰고서야 시작하는 첫 편집, 첫 책이다.

가급적 좋아하는 술 한 잔 곁에 두고, 안주처럼 즐겨 주면 좋겠다.

차례

Chapter1.
강이 바다로 나아가
하나의 폭풍이 되기까지
11

Chapter2.
그럼에도 불구하고 산다는 것은
27

Chapter3.
행과 연
75

Chapter4.
쏟아진 문장
107

Chapter1.

강이 바다로 나아가
하나의 폭풍이 되기까지

1-1. 강

그래, 이제는 외면하지 말아야지
사랑하는 것들을 더욱 사랑해야지
적셔지다 부족해 빠져 가라앉아야지
허우적대다 이내 숨이 멈춘다 한들
사랑하는 것들과 함께 흘러가야지

- 2019. 02. 02. 22시.

이 글이 처음이었다.

지금껏 내 안의 목소리는 뒤죽박죽 삐쭉빼쭉했다. 2차원의 개미가 3차원을 알지 못하듯, 쉽게 설명되지 않는 형태의 무언가였다. 그 모호하고 설명하기 어려운 것이 처음으로 '펜'과 '종이'라는 도구를 만났을 때, 그것은 '시'라는 울타리 안으로 들어섰다. 지난 2019년 2월 2일, 제주로도 가족 여행을 떠났을 때였다.

부모님께 저녁 인사를 드리고, 형과 함께 싱글 침대 두 개가 놓인 트윈룸에 들어갔다. 형은 옆 침대에 누워 핸드폰 화면을 보고 있었고, 나는 아무 예고도 없이 다섯 줄의 문장을 떠올렸다. 그 순간이 지금도 생생하다. 벼락처럼 스친 문장들이 머릿속을 파고들고, 괜히 들킬까 싶어 이불을 머리끝까지 뒤집어쓴 채, 조용히 핸드폰 메모장에 옮겨 적었다.

"…허우적대다 이내 숨이 멈춘다 한들 사랑하는 것들과 함께 흘러가야지."

그날 이후 매일을 쓰고 또 썼다. 글을 쓰며 수없이 많은 허상의 당신들을 그려 냈고, 그들을 진심으로 사랑했다. 깊어진 글에 취해 허우적대다 목 끝까지 숨이 차오를 때면 잠시 펜을 내려놓기도 했으며, 이내 그리움에 뒤돌아 다시 펜을 잡은 날도 있었다. 그렇게 나는 문학을 앓으며 얼마나 많은 밤을 보냈던가.

1-2. 퇴근길

난 오늘 당신의 부서진 눈동자를 보았습니다
수억 년을 버티다 소멸한 별처럼 차갑고 초점 없었습니다
퇴근길 버스 정류장에는 웬 아저씨 둘이 있었습니다
삶이 어땠느니 나라가 어땠느니 참으로 일상적인 대화였습니다
아, 저도 큰 꿈을 꾸고 있습니다
거울 속 당신의 눈동자는 참으로 짙었습니다
매일 밤 별 하나에 꿈 하나를 담아 세었으니
지금 제 위 수억의 별보다 더 빛나는 눈동자였습니다
그래서 지금 제 앞엔
부서진 눈동자
피가 나오지 않는 생채기
외과학에서 피가 나오지 않음은 아주 심각한 일이라죠
피가, 아니 순수가, 다시 순수가 나오지 않음은 더 심각한 일이겠죠
그리고 지금 제 눈동자 앞엔
종이가 없어 대신 쓴 갈색 봉투, 예의가 바르다며 쥐어 준 천

원 한 장의 팁, 위스키 한 잔
　오, 아버지께서 생일날 챙겨 주신 깊고 진한 위스키 한 병
다시 거울을 보았습니다
　오, 난 지금 당신의 부서진 눈동자를 보고 있습니다

- 2019. 09. 27. 00시.

글을 좋아하는 만큼 서핑을 좋아했다.
　글을 쓰고 싶어 휴학했지만, 파도를 원 없이 타고 싶은 이유도 있었다.
　제주에 머물며 낮에는 서핑 숍에서 일하고, 밤에는 글을 썼다. 그렇게 반년 정도 제주에서 생활하다 서핑의 성지라는 발리로 향할 계획이었다. 발리에서 몇 개월 생활하려면 적지 않은 돈이 필요했다. 당시 서핑 숍에서 받는 급여에는 숙소가 포함되어 있었기에 실제로 받는 돈은 100만원에 불과했다. 그래서 2달 좀 넘는 시간 동안 투잡을 뛰었다. 낮에는 서핑 숍에서 일하고, 밤에는 카지노에서 칵테일을 만들었다. 하루 순 근무 시간이 16시간 조금 넘었던 것 같다. 게다가 그중 절반은 바닷물 속에서 일하니 몸이 남아나질 않았다. 이 모든 게 다 젊은 패기로 시작한 일이었는데, 생각처럼 쉽지만은 않았다. 초짜 글쟁이의 여린 마음은

작은 바람 앞에서도 흔들리기 마련이었고, 그렇게 마음도 몸도 부서져 가라앉기 일쑤였다. 어느 날 새벽, 여느 때처럼 카지노에서 일하다 지쳐 화장실에 들어가 세수를 했다. 분명 반짝이던 눈동자였던 것 같은데 반짝임은 온데간데없고 부서진 눈동자의 파편만이 마른 각막 위를 부유했다. 자기 좋자고 결정한 제주행이었는데 이게 뭐람…

 좋은 말로 젊을 때, 다른 말로 어릴 때. 나는 아직 삶의 인과관계를 잘 몰랐고, 좋아하는 것만을 한다고 해서 삶이 마냥 행복한 것은 아니라는 걸 배웠다. 지금 생각하면 당연한 논리를 그때는 잘 몰랐다. 글과 서핑을 배우러 떠난 기나긴 여정은 어느새 '삶'을 공부하는 시간으로 바뀌어 있었다.

1-3. 이별

조만간 저도 제주와 이별할 참입니다
2주도 채 남지 않았어요
보통의 이별은 기약이 없기에 슬펐던 것 같은데, 이건 예정된 이별이네요
참 많은 것들이 변했고, 마찬가지로 변하지 않았습니다
누군가와는 영원한 작별을 고했고, 반대로 새로운 별의 사막을 꿈꾸기도 했습니다
어떤 사막은 과거에 바다였다는데
제 바다는 숱한 감정들로 가득 차 있다가, 요즘은 점점 사막이 되어 가고 있어요
참 좋으면서도 싫어요
바다를 오기 위해 바다를 떠난다던 그 시인의 말이 참 와닿아요
역설적이죠
하지만 우리 삶은 너무나 역설적인 것들의 연속인걸요
그래서 결국 저는
넘치는 아이러니들이 모여 또렷한 자아를 이루어 냈어요

하지만 또렷한 제 모습은 혼란스러워요

사실 제가 제주를 사랑하는 건지, 언젠가 마주칠지 모르는 당신을 사랑했던 건지

그래서 제가 제주와 이별하는 건지, 앞으로 영원히 당신과 이별하는 건지

그리고 수많은 제 이야기 속 당신은 대체 누구인지

실상인지, 허상인지, 혹은 거울 속 세상인지, 혹은 평행 우주 속 멀디먼 저세상인지

예정된 이 이별이 슬픈 건 내 이야기 속 모든 제주와 당신이 사라지기 때문일 거라고

오, 나는 대체 무엇이 그렇게 두려운지

- 2019. 11. 18. 21시.

때는 11월 중순, 초여름에 시작된 제주행의 끝이 채 2주도 남지 않은 때였다.

삶의 경험이 많지 않았던 당시의 내게, '예정된 이별'이란 경험은 참으로 낯설었다.

영상의학 교수님이 공식처럼 말하던 '폐 전이 3개월'처럼 2주도 채 남지 않았다는 이별은 미성숙한 나를 죽음만큼이나 흔들

어 놓았다.

돌이켜 보니 모든 것이 역설적이었다.

좋아서 선택한 제주행이 때로는 무척이나 고생스러웠고

짧은 시간에 많이 성장했다 생각했는데, 자세히 보니 그건 또 아닌 것 같았다.

영원한 작별에서는 도리어 새로운 꿈이 피어올랐고

누가 말했는데 어떠한 사막은 과거에 바다였더랬다.

점액처럼 농도 짙은 역설의 바다를 헤쳐 나가며, 거울 앞 내 모습은 점점 또렷해졌다.

성격, 말투, 좋아하는 것, 싫어하는 것.

하지만 또렷해질수록 혼란스러웠다.

시의 문장처럼 넘치는 아이러니들이 모여 하나의 자아를 형성했으니, 당연한 논리였다.

'내가 대체 무엇을 그렇게나 사랑했던 거지?' 정도의 의문만을 남긴 채

어린 청년은 돌연, 예정된 이별 앞에 놓였다.

1-4. 비로소 폭풍과 마주했을 때

한차례 큰비가 지나갔습니다
북동풍은 깊은 풀 내음이 나는 듯했습니다
저 멀리 바다가 보여요, 내 사랑, 내 꿈, 바다
행복은 멀지만 분명 가까이 있었어요
또 가까이 있지만 분명 멀고 멀었어요
스스로 그러하듯, 자연은 또다시 큰 비를 몰고 옵니다
내리는 비가 무서워 부단히도 우산을 찾았던 나
폭풍의 눈을 마주하기 두려워 고개도 들지 못했던 나
내면이라 칭했던 많은 것들이
실은 가면일 수도 있겠다는 생각이 들었어요
오, 나는 대체 무엇이 그렇게나 두려웠는지
수많은 허상의 당신들을 만들어 비를 막아 달라 했지요
나도 이제 스스로를 받아들이기 시작했나 봅니다
나는 폭풍이에요
무엇 하나 부술 수 없는 여리고 잔잔한 폭풍이에요
혹여나 당신들의 마음 다칠까
아무 말도 못 했던 순간들, 침묵했던 가슴속 외침들

길고 긴 시간을 걸어, 비로소 폭풍과 마주했을 때
나는 이제 우산을 내려놓고 비를 맞아요
오히려 마음이 고요해요
거칠었던 밤바다는 작은 춤으로 바뀌었고
나는 비로소 고요한 폭풍의 눈을 향해 걸어갑니다
작은 몸짓으로 춤을 추며 걸어갑니다

- 2020. 02. 08. 13시.

제주를 떠난 게 12월 초, 고향에서 1주일 남짓 시간을 보낸 후 인도네시아 발리로 향했다.
당초의 계획은 발리에서 2달간 살며 서핑에 집중하고, 호주로 넘어가 그 유명한 골드코스트 파도를 타 볼 생각이었다.
하지만 제주에서부터 나를 휘감아 돌던 역설이란 불가항력이 어찌나 드세던지
발리에서의 생활은 즐거웠지만, 그보다 더 외로웠고, 정말로 행복한데 형용할 수 없이 슬펐다.
삶의 이치를 어느 정도 이해하고 있다 착각한 청년은 다시 한번 딜레마에 빠졌고 결국 한국행을 택했다.
고향에 돌아와 집밥을 먹고 집에서 잠을 자니 또렷이 보였다.
지금껏 폭풍이란 저만치 먼 바다에서 발생해 보이지도 않는

대양에서 소멸하는 상상의 대상이었는데, 등잔 밑이 어둡다고 해야 할까, 내가 바로 그 폭풍이었다.

내면이라 칭했던 수많은 모습들이 실은 꾸며 낸 가면일 수도 있겠단 생각이 들었고

빛나고 부서지고 다시 빛나는 거울 속 눈동자는 어쩌면 내가 아닐 수도 있겠더라

이쯤 되니 폭풍은 망할 세상이 아니라 나였다.

지구와 인간은 하는 수 없이 자연의(물리학의) 이치를 따른다. 중력 아래 모든 인간이 $9.8m/s^2$의 가속도를 받듯, 자연에서 발생하는 폭풍에는 폭풍의 눈이 있고, 만일 내가 폭풍이라면 내게도 고요한 폭풍의 눈이 있다. 스스로를 집요하게 파고들던 청년은 비로소 심장 중심에 놓인 폭풍의 눈을 발견했고, 그제야 비를 막던 우산을 내려놓았다. 길고 긴 시간을 걸어 비로소 폭풍의 눈을 마주했을 때, 거칠던 밤바다는 작은 춤으로 바뀌었고 청년은 고요한 폭풍의 눈을 향해 걸었다.

아무도 모를 작은 몸짓으로 춤을 추며.

Chapter1. 마무리

그렇게 울타리를 벗어난 강은 대양으로 나가
하나의 폭풍이 되었다.

Chapter 2.

그럼에도 불구하고
산다는 것은

2-1.

솔직하지 않으면 글을 이어갈 수가 없다.

지어낸다는 것은 허구의 얼굴을 쓰는 일이고, 가면은 언젠가 벗겨지기 마련이다. 허지웅 작가는 《살고 싶다는 농담》에서 가면의 필요성에 대해 다뤘다. 그는 가면이 꼭 필요하고 때로는 아주 유용하다고 했다. 나도 그 말에 동의한다. 살아가면서 가면만큼 효율적인 도구를 찾기란 쉽지 않다. 하지만 질문을 바꿔, 그 가면 덕에 삶이 더욱 행복해졌냐고 묻는다면, 나는 반드시 아니라고 답하고 싶다. 가면과 충돌하는 자의식의 세계는 언제든 나를 커다란 혼란 속에 밀어 던질 테니 말이다. 그러므로 글에서는 도저히 거짓을 논할 수 없다. 글쓰기란 가슴속 생각과 감정을 뒤집어 까는 행위이기에 더더욱!

한때는 거짓된 감정으로 글을 써 보려고도 했다. 도저히 한 페이지 이상 나아갈 수가 없었다. 내 논리의 주춧돌은 삶의 역설과 슬픔이다. 삶의 기쁨과 환희로 아무리 멋진 돌탑을 쌓아 올려도, 그 바닥에는 여전히 역설과 슬픔이 놓여 있다. 그러므로 이번 글과 Chapter2는 내 바닥을 보여 주는 고백이며, 바닥까지 긁어먹는 닭갈비 볶음밥의 마지막 한입이다.

머리를 아무리 쥐어 뜯어봐도 삶은 희극이 아니다. 디즈니 영화처럼 'Happy Ever After' 같은 건 그 어디에도 존재하지 않는다.

지난날 써 둔 문장이 생각난다.

"삶은 비극이 자라난 넓은 들판 위에서
저녁이면 저버릴 희망을 기다리는 일
산다고 어련히 살아지지 않는다."

이 문장을 쓰며 명쾌한 반례를 들어 보고 싶었다. "세상에는 네가 모르는 행복한 일이 정말 많으니 슬픔 따윈 개나 줘 버려라" 말하고 싶었다.

이분법처럼 0과 1로 선을 그어 표현할 수 없는 이 세계에서, 기쁨과 슬픔의 총량은 어떻게 계산해야 할까? 쓸모없는 질문처럼 보이지만 전부터 나는 이것이 너무나도 궁금했다. 수학만이 절대적으로 객관적인 언어라 믿는 나는, 기쁨과 슬픔의 총량을 수학적으로 표현하고 싶었다. 해당하는 값을 구했다면, 부등호를 이용하여 둘의 크기를 비교하고 싶었다. 최종적으로 아래의 문장처럼 선언하고 싶었다.

자, 보아라!

인간의 삶에 기쁨과 슬픔의 수치를 측정해 보니

기쁨의 수치 = A

슬픔의 수치 = B

A < B 이므로

이 세상은 슬픔의 바다라 표현할 수 있다.

괴짜처럼 보일지 몰라도, 나는 세상이 슬픔으로 채워져 있음을 믿었고, 그것을 증명하기 위해 애썼다.

고민하던 중 귀납적 추론이란 새로운 돌파구를 찾았다. 귀납적 추론이란 개개의 구체적인 사실이나 현상을 전체에 대한 일반적인 인식으로 이끌어 가는 절차이다. 쉽게 말해 너도 그렇고 나도 그렇다면 모든 사람이 그럴 거라는 의미이다. 귀납적 추론을 위해서는 신뢰할 만한 개개인의 경험이 필요했다. 그러던 어느 날 가족여행 중, 고모할머니로부터 그 경험을 들을 수 있었다.

"사는 거 힘들어, 진짜 힘들어. 내가 지금까지 살아 보니까 그래. 그런데 그게 또 살아져. 오늘 가족여행처럼 행복한 순간이 하나씩 있기 때문에 살아져. 그러니 너희들도 지금 이 순간을 잘 간직해. 그렇게 살아."

비록 단 한 명의 의견이었지만, 내게는 가뭄의 단비와도 같았다. 가족 구성원 중 가장 연장자인 고모할머니께서 하신 말씀은 그 무엇과도 바꿀 수 없는 훌륭한 레퍼런스였다. 이렇게나마 세상이 슬픔의 바다였다는 사실이 조금씩 밝혀지고 있는 것 같았다.

고모할머니의 말씀을 들은 이후로는 새로운 고민이 머릿속을 부유했다. 만약 세상이 정말로 슬픔으로 채워져 있다면, 우리는 대체 왜 살아야 할까? 현재의 지구에는 대략 80억의 인간이 살고 있다. 무려 80억이다. 80억 개나 되는 레퍼런스가 삶을 살아가는 쪽으로 선택하고 있단 말이다. 즉, 세상에는 인간이 살아야만 하는 어떠한 논리가 있다는 뜻이다. 이성과 논리의 관점에서 바라보았을 때, 세상이 정말 슬픔의 바다라면, 구태여 힘들게 버텨 나갈 이유가 없다. 하지만 그럼에도 불구하고 우리는 모두 살아간다. 대체 무엇이 우리를 살아가게 하는지, 산다는 건 대체 어떤 의미를 갖는지 무척이나 궁금해졌다.

고민을 이어가던 중 영화 《뷰티풀 마인드》를 보게 되었다.

이 영화는 경제학자 존 내쉬의 생애를 다룬 영화인데, 극 중 노벨 경제학상을 수상하는 존 내쉬의 수상 소감 발표 장면이 있다. 영화와 다르게, 실제 노벨 경제학상 수상 당시에는 영화 속 수상 소감을 말하지 않았다고 한다. 즉, 그 장면은 영화적 창작이다. 하지만 그의 생애와 아내 알리시아의 변함없는 지지를 생각하면, 충분히 가능했을 법한 말이었다. 아래는 영화 속 내용이다.

"저는 언제나 수의 세계에 빠져 있었습니다.
추론을 만들어 내는 방정식과 논리를 추구했습니다.
저는 물질적인 세계와 형이상학적 세계 그리고 비현실적 세계에서 다시 돌아왔습니다.
그러면서 제 인생에서 가장 중요하고 소중한 발견을 했습니다.
그것은 바로
어떤 이론이나 논리로도 풀 수 없는 사랑이란 헌신적으로 신비한 방정식입니다.
제가 이 자리에 설 수 있었던 건 바로 제 아내인 당신 덕분입니다.
당신은 바로 내가 이 세상에 존재하는 유일한 이유입니다."

이 대목에서 나는, 어쩌면 삶의 이유가 될 수도 있는 중요한 논리를 발견했다.

고통의 바다인 이 삶을 구태여 우리 모두가 감내하며 살아가는 이유는 바로 사랑이었다.

여기서 말하고 싶은 사랑이란 단지 남녀 간의 사랑뿐만 아니라, 부모와 자식, 반려동물, 사물, 감정 등 애정하는 것을 보고 생각하고 말했을 때 느껴지는, 그 뜨거운 에너지 자체이다.

사랑, 논리와 철학의 석학들도 쉽사리 풀어내지 못한 주제. 설명할 수 없는 거대한 에너지.

평생을 논리와 싸운 학자들마저도 사랑이란 방정식은 풀 수 없었고, 그 난제는 도리어 삶의 이유가 되어 있었다.

인간의 머릿속은 늘 전쟁터의 한복판이다. 삶과 죽음, 기쁨과 슬픔, 수많은 모순과 감정이 서로를 향해 닿지도 않을 총알을 쏜다. 그 난장판 한가운데서 사랑은 삶을 지켜 내는 마지막 장벽인 마지노선이 된다. 사랑이라는 뜨거운 에너지는 전쟁터에서도 새로운 삶을 싹틔우고, 보호막이 되어 생명을 감싼다. 그러니까 사랑은, 바다처럼 채워진 세상의 슬픔 위에서 노 저어 나아갈 수 있게 해 주는 돛단배다.

그러므로 우리 80억 명의 인간은
오늘도 무언가 뜨겁게 사랑하기에,
이렇게 산다.

- 2021. 08.

2-2. 그럼에도 불구하고, 내가 사랑한다는 건

서정과 시는 심수봉이라며 작가 김민영은 노래 〈사랑밖에 난 몰라〉를 들으며 영문 모를 눈물을 흘린다.

대체 눈물의 이유가 무엇일까?
시라는 건 왜 하필 그렇게도 대책 없이 슬픈 걸까?

시인 백석은 아래와 같이 말했다.

"높은 시름이 있고 높은 슬픔이 있는 혼은 복된 것이 아니겠습니까. 진실로 인생을 사랑하고 생명을 아끼는 마음이라면 어떻게 슬프고 시름 차지 아니하겠습니까. 시인은 슬픈 사람입니다. 세상의 온갖 슬프지 않은 것에 슬퍼할 줄 아는 혼입니다."

혹자는 시인을 향해 탄광의 카나리아라고 부른다. 작은 공기에도 예민하게 반응하는 새처럼, 시인은 일상의 세세한 틈결에 마음이 먼저 무너진다. 그 예민함은 경이로우면서도 동시에 곤혹스럽다. 시인 백석의 말처럼, 시인은 언제나 세상의 온갖 슬프지 않은 것에 가장 먼저 아파하고, 가장 오래 그 아픔을 품고 살아가는 사람일 것이다.

내 시를 돌이켜 보면, 물안개처럼 슬픔이 번지는 시들이 많았다. 나 역시 백석과 김민영처럼, 왜 이토록이나 시는 무방비하게 슬픔을 불러오는지 스스로에게 질문하곤 했다. 그러니 이번 글은 그 물음에 대한 내 답변이라 하겠다.

어젯밤은 유독 잠들기 어려웠다. 이따금씩 지나가는 배달 오토바이 전조등에 누렇게 번지는 창문이 알람처럼 정신을 깨웠다. 한 꺼풀 잠들었다가도 놀라며 깨길 반복했다. 좀 전 저녁에는 코인 노래방에서 노래를 몇 곡 불렀다. 가수 김동률과 장필순의 노래였다. 전에는 김동률의 노래를 잘 듣지 않았는데, 무슨 변덕인지 요즘 듣는 플레이리스트의 5할은 김동률이 차지하고 있었다. 노래 〈답장〉에서는 마지막 부분인 "이것밖에 난 하고픈 말이 없는데 사랑해 너를"을 반복해서 들었다. 특유의 묵직한 목소리가 뻗어 내는 고음은 남들과는 다른 무게로 가슴을 눌렀다. 특히 "사랑해" 부분에서 일부러 터트리지 않고 한 번 참았다가 "너를" 부분에서 터져 나오는 고음은 다른 사람이 아니라 너이기 때문에 사랑한다는 그의 마음을 호소하는 것만 같았다. 노래

〈그 노래〉에서는 "나는 다시 그때 그날로 너로 설레고 온통 흔들리던 그날로" 부분이 가슴을 후볐다. 지난 사랑의 흔들림을 되새기며, 온통 흔들리지 말고 조금만 흔들릴걸 하는 철 지난 푸념도 이어 보았다.

작가 김민영에게 심수봉이 서정이라면, 아마도 내게는 김동률이 서정이자 시일 것이다.

그리고 내 시가 슬픈 건, 마치 백석처럼, 진실로 사랑하고 아꼈기 때문일 것이다.

바로 전 글에서 세상은 고통의 바다이고, 그러한 세상에서 그럼에도 불구하고 살아간다는 건, 사랑이라는 최후의 마지노선이 버티고 있기 때문이라 했다. 이 삶을 진실로 사랑했기에 슬펐고, 슬펐기에 나는 살아가고 있다. 지난날 썼다 감춰 둔 시의 문장이 떠오른다.

"나 당신께 건넬 멋진 안부 따윈 없으니 그저 침묵하는 수밖에. 그러니 당신도 내게 잘 지내냐는 물음을 하지 마세요. 그 한마디가 어렵게 잠든 슬픔을 깨울 테니. 그 슬픔이 나를 다시 살아 있게 할 테니."

책을 출판하기 위해 과거의 글들을 정리하는 중이다. 글을 훑어 보며 발견한 공통점은 많은 글들이 바다를, 자연을, 사람을 그리고 이 삶을 진심으로 사랑했기에 쓰인 글이라는 점이다. 어느 날부터인가 감정을 녹여 내 쓰는 행위가 고통스러워졌다. 사랑하기 때문에 슬펐던 건데, 그 슬픔이 되려 삶을 짓누른다면 더 이상 아무것도 사랑하고 싶지 않았다. 그래서 사랑하기를 멈췄다. 한편으론 그것이 성숙한 글쓰기로 나아가는 과정이라 생각했다.

하지만 앞선 내 논리에 의하면 사랑을 거부한다는 건 삶을 거부하는 것과 다르지 않았다.

고통의 바다에서 삶을 지켜 주는 마지노선이 사랑이라면, 사랑 없이 삶을 살아가는 건, 총알이 빗발치는 전쟁터 한복판에 홀몸으로 내던져지는 것과 무엇이 다를까? 모든 것을 향한 이 사랑이 다시 나를 고통스럽게 만들기에 피하려고만 한다면, 삶을 지켜 내는 마지막 방벽을 스스로 파괴하는 행위이지 않을까?

그러므로 나는 삶이란 거대한 슬픔 속에서, 살아가기 위해 사랑했고, 사랑했기에 다시 슬펐으며, 그 슬픔 속에서 시를 써 왔다. 내 삶은 끝내 모순이지만, 그 모순이야말로 내가 살아가는 방식이자 이유다.

그러니, 왜 시가 그렇게도 대책 없이 슬픈가 하는 물음에 나는 이렇게 대답하겠다.

"가장 먼저, 가장 오래 아픔을 앓는 시인으로서, 모든 것을 향한 사랑이 되려 나를 다시 슬프게 하지만,

그럼에도 불구하고
나는
온통 사랑하겠습니다."

- 2021. 09. 08. ~ 2022. 08. 26.

2-3.

다시 바다에 다녀왔다.

고속도로를 장시간 운전할 때면 거리 감각이 서서히 무뎌진다. 멀게만 느껴졌던 산의 능선이 어느새 박스형 과속 단속 카메라만큼이나 가깝게 느껴진다. 산 너머에는 푸른 바다가 보인다. 눈의 피로감이 경계선을 넘어서는 순간, 산과 바다는 거리감을 상실하고 이차원 평면으로 보인다. 서로 다른 높이의 봉우리 사이로 산의 능선이 흐르고, 그 사이를 바다가 메운다. 그 모습은 마치 V자 모양의 컵에 물을 반쯤 채운 듯하여, 얼마나 더 물을 부어야 봉우리 꼭대기까지 물이 찰지 생각하게 된다. 그 이차원 풍경을 뒤로한 채 고속도로의 끝에 다다르면, 오직 푸른 바다만이 눈을 가득 채운다. 눈에 보이는 게 모두 바다라 발에 툭 치일 것만 같다.

한참 서핑을 즐기고 해가 지평 밑으로 떨어질 때쯤, 물 밖에 나와 모래사장을 밟았다. 몇 시간 만에 밟은 땅은 차가웠다. 움푹 팬 발바닥의 굴곡마다 모래가 채워졌고 발가락의 능선 사이사이로 모래가 솟았다. 여전히 차가웠다. 땅의 한기는 발바닥을 타고 온몸으로 번졌다. 낯설었다. 가을 서핑은 2년 만인지라, 발바닥이 기억하는 마지막 모래사장은 여름의 뜨거운 열기로 가득했다. 산책하는 강아지가 냄새 맡듯 콧구멍을 크게 벌려 킁킁거렸다. 바닷바람을 타고 가을 냄새가 났다. 차고 쾌적한 냄새. 그리웠던 냄새. 바다에서 나고 자란 것도 아닌데, 그래서 나는 하는 수 없이 육지 사람인데, 고향처럼 그리웠던 가을 바다의 냄새. 크게 심호흡하며 좀 전까지 타던 파도를 바라보았다. 해가 지평 밑으로 사라진 지 10분 남짓, 빠르게 번지는 어둠으로 파도의 꼭대기와 바닥이 구분되지 않았다. 저기 가로등 불빛이 들어왔다. 밤이다.

바다가 모든 걸 해결해 주나?

바다를 사랑하게 된 후부터 파도를 몰고 오는 계절풍에 던지던 말이었다. 다시 바다를 찾는 날이면 어김없이 같은 질문을 반복했다. 답을 찾아보고 싶었다. 무슨 이유에서인지, 바다에 있을 때면 어딘가 조금 더 나다워진다는 느낌을 받았다. 느낌을 받는다곤 하였지만, 나다워진다는 것을 제대로 정의하기 어려웠다. 대체 무엇이 나다운 모습이고, 바다에서 그런 모습이 되는 이유는 무엇인지. 답변하기 어려운 질문만이 꼬리에 꼬리를 물며 반복되었다. 그렇게 바다에 다녀오는 날이 쌓이며, 느낌이라 칭했던 모호한 감각은 아주 조금씩 살이 붙어 또렷한 형태를 갖추기 시작했다.

어쩌면 당연했던 걸까?
〈Chapter 1-3 이별〉에서처럼 나는 바다에 살며 파도로 빚어진 사람이었다. 바다에서 글을 쓰며 가슴속 아이러니들을 발견했고, 그것들을 파도로 다듬으며 성장해 왔다. 그렇게 형체를 갖춘 '자아'는 본질적으로 역설적이었다. 그러니 선명해질수록 혼란스러울 수밖에 없었다. 제주에서의 삶을 마무리하고 육지로 돌아올 때, 내게 남은 건 '내가 대체 무엇을 그렇게나 사랑했던 거지?'라는 허전한 물음뿐이었다.

그 후로도 나는 바다를 찾았다. 계절이 바뀔 때마다, 마음이 무너질 때마다, 혹은 아무 이유도 없이. 늘 같은 자리에서 파도는 부서지고, 모래는 씻겨 나갔다. 그 단순하고 반복적인 아름다움 앞에서 나는 설명할 수 없는 안도감을 느꼈다. 나다워진다는 건, 아이러니를 처음 발견했을 그때의 내가 되는 것이었고, 그 모습이 곧 모순덩어리였으니, 현재의 혼란은 필연이었다.

〈Chapter 1-4 비로소 폭풍을 마주했을 때〉에서 말했듯, 결국 나는 폭풍 그 자체였다. 스스로가 폭풍임을 인지하고, 눈앞의 혼란스러운 것들을 하나씩 지워 나가자, 단 두 가지만이 또렷이 남았다.

바다, 그리고 사랑.

이제야 제대로 알았다. 아이러니로 빚어진 나였지만, 그 조각 하나하나가 모두 바다에서 비롯되었다는 것을. 파도의 부서짐과 다시 밀려옴, 차갑지만 품어 주는 가을 바닷바람, 끝없이 변하면서도 한결같은 수평선. 나는 그 모든 모순들을 진심으로 사랑하고 있었다. 그러니까 나는, 바다를 사랑했고, 동시에 그 바닷속에 흩어져 있던 내 자신을 사랑하고 있었다.

이번 여행, 해 질 녘 모래사장의 차가움을 발가락 사이사이로 느낄 때, 나는 확신했다.

나는 온 마음으로 바다를 사랑하며, 그 안에서 나는, 나로 살아간다.

그러므로 이 글을 빌려 깊은 감사를 전한다. 그간 함께 파도를 맞이했던 형 누나 친구 동생. 때론 나 혼자서, 때론 모두 함께했던 날들이 모여 지금의 나를 만들었다. 당신들이 없었다면 지금의 나도 없을 테다. 항상 고맙다. 그리고 사랑한다. 바다와 당신들 모두.

요즘도 나는
바다에 가기 위해
다시 한 번 바다를 떠난다.

- 2021. 09.

2-4.

  온몸에 열이 오르내리던 밤, 실바람에도 몸이 떨려 솜이불을 가득 끌어안았다. 걱정과 불안은 한데 모여 쏟아지고 밤이 어서 지나갔으면 하는 바람만이 빈자리를 채웠다.
  몸이 아플 때면, 썩 멀게만 느껴졌던 죽음이 지는 해의 그림자처럼 눈앞으로 달려든다. 관념의 대상이었던 무언가가 현실과 맞닿는 순간이다. 이 경험을 위해 아픔이 필요했다고 느껴질 정도로 몸이 아픈 건 특별한 장치처럼 작용해 온다.
  죽음은 일상에 존재하지 않는 개념이다. 어느 날 반드시 찾아올 것을 알았지만, 늦은 밤 찾아올 불청객 정도로 생각하고 있었다. 마주하기 싫으니 애써 외면하는 수밖에. 그렇게 반강제적으로 관념의 공허 속에 내던져진 죽음은 하루에 딱 한 걸음씩 현실을 향해 다가오고 있었다. 그리고 열이 오르내리던 바로 그 밤, 죽음은 관념의 문턱을 넘어 내 세계로 침범해 왔다.

  그리고 내게 물었다.

  "자, 네게 남은 시간이 주어졌다. 이제 무얼 하겠느냐?"

대답하기 어려웠다.

초등학생 시절 무얼 적어야 할지 몰라 비워 둔 장래 희망 빈칸처럼, 멀뚱한 표정으로 생의 남은 빈칸을 바라보았다. 대체 무얼 해야 좋을지 모르겠는 건, 예나 지금이나 다르지 않았다. 달라진 점이 하나 있다면, 어쩌면 지금은 정말로 남은 시간이 별로 없다는 것.

서울대학교병원 종양내과 김범석 교수님의 에세이《어떤 죽음이 삶에게 말했다》에서 교수님께서 말씀하시길, 안락사가 무엇인지 도무지 정의하지 못하겠지만, 지금껏 본인이 목격한 죽음이 최소한 안락한 죽음이 아니라는 것만은 명확하다고 표현했다.

의학의 발전으로 평균 수명이 증가했다. 문제는 무병장수가 아니라 유병장수라는 점. 과거에는 이루지 못했던 생명 연장이 오늘날에는 가능하며, 말 그대로 피가 몸을 도는 상태로 "유지" 시키는 것이 가능해졌다. 바람 앞의 등불에 가림막을 잠시 쳐 준 셈이다.

분야는 다르지만, 수의사인 나도 죽음을 많이 목격한다. 게다가 나는 그 어떤 수의사보다도 죽음을 많이 목격했으며, 집행했다. 가축방역관으로서 지자체에서 근무하던 시절, 내 주된 업무는 가축전염병 예방이었다. 여기서 예방이란 두 가지 경우로 나뉘는데, 하나는 아직 발생하지 않은 질병에 대해 적절한 백신과 방역으로 발생을 예방하는 것이고, 나머지 하나는 이미 질병이 발생한 가축을 적절한 방법으로 처리하는 것이다. 질병에 따라 처리 방법은 다르지만, 대개의 경우 살처분(안락사)이다. 내가 근무했던 지역은 법정 가축전염병의 발생이 유별나게 많은 곳이었고, 소 돼지 닭 오리 등 축종을 가리지 않고 수십만 마리의 가축이 공문서 "문서처리" 버튼에 의해 죽음을 맞이했다. 반복되는 죽음 앞에 감정의 동요는 없었지만, 생각의 동요는 있었다.

"대체 저 죽음에는 어떤 의미가 있을까?"

산업 동물, 즉 사람에게 중요한 식량 자원이며, 체중이 곧 돈으로 환산되는 가축에서 걷잡을 수 없이 퍼지는 가축전염병은 국가 단위의 식량 보급과 경제를 뒤흔드는 긴급재난상황이다. 따라서 저 가축들의 죽음에는 국가 식량 보급과 경제 상황 안정화라는 의미가 있다. 하지만 내가 궁금했던 건 하나의 객체로서의 의미, 비록 식량 자원으로 태어나 길러지고 도축되는 가축이지만 그 객체의 삶이 갖는 의미에 대해 고민했다. 그리고 지자체에서의 복무(의무 복무 3년)가 마무리될 때 즈음에는 그 의미를 찾을 수 있으리라 기대했다.

그래서 3년간의 근무 후 의미를 찾았을까?
아니,
객체로서의 가축의 삶에는 아무런 의미도 없었다.

글을 쓰며 굴러다니는 돌멩이에도 억지로 의미를 부여하던 나였지만, 도저히 가축의 삶에서는 의미를 찾을 수 없었다.
가축이나 사람이나 예정된 죽음이 기다리고 있다는 것은 동일하나, 사람은 그 날짜를 예측할 수 없고, 가축은 거의 정확한 날짜를 알 수 있다.
이때 태어나 저 때 죽는 것이 예정된 삶, 어쩌면 하루살이 같은 삶.
죽는 날이 명확하게 정해져 있기에 구태여 삶의 의미를 찾지 않아도 되는 삶.
국가 단위에서 보면 의미가 가득하지만, 객체에서는 의미를 찾을 수 없는 삶.
집단이 되지 않으면 아무 의미가 없는 삶.
식견이 부족한 나는, 도저히 이 삶에서 의미를 찾을 수 없었다.

수학에서 극한을 보는 것 같았다. 0.00…1은 아무 값도 갖지 못하지만, 집단이 되어 모두 더하면 1이 되는 삶.

지금껏 수의사로 일해 온 날보다 일할 날이 더 많다. 앞으로도 많은 죽음을 겪고 집행할 것이며, 어느 날 내게도 죽음이 찾아오리라. 내 삶의 마지막 날이 되기 전에 발견하지 못했던 저 삶의 의미를 꼭 찾았으면 한다.

다시 사람의 경우로 돌아가서, 나는 소생 가능성 희박한 환자의 기약 없는 생명 연장에 반대한다. 안락사 선택권을 주었으면 한다. 왜냐하면 김범석 교수님이 언급했던 것처럼 고통은 고스란히 환자와 가족들에게 돌아가기 때문이다. 형체를 알아볼 수 없을 만큼 부어 버린 얼굴, 전신을 뒤덮은 기계 장치, 언제 멈춰도 이상하지 않은 심장 박동. 하루 이틀 어느새 한 달 두 달. 그 기간만큼의 고통, 책정할 수 없을 정도로 커다란 그 고통은 고스란히 환자와 가족들의 몫이다. 교수님처럼 나 또한 안락사를 정의하지 못하지만, 이 죽음이 안락한 죽음이 아니라는 것쯤은 또렷이 알겠다.

인간으로서 "필요한 죽음"에 대해 감히 논할 수는 없지만,

한 객체의 관점에서 만약 죽음이 필요하다면, 법정 가축전염병에 걸린 수십만 마리의 가축보다는 저 환자에게 더 필요하지 않을까?

   삶에서 의미를 찾는 행위.
   삶의 남은 빈칸을 바라보며 언제 다가올지 모르는 죽음을 두려워하는 행위.
   의사에 의해 남은 시간이 주어졌을 때, 예정된 죽음에 대해 생각하는 행위.
   지난날 글을 쓰며 끊임없이 삶과 죽음에 의미를 부여하려 애썼다.
   하지만 생각하면 생각할수록 의미는 역설을 낳았고, 그 끝에는 이해할 수 없는 문장만이 남았다.
   그래, 이 책의 제목처럼 나조차도 이해할 수 없는 문장이 쏟아져 나오곤 했다.
   그러니까 우리는 도저히 삶과 죽음에 의미를 부여할 수 없다.
   어쩌면 그렇기에 생명은 고귀한 것이며, 삶은 소중한 것일지도 모른다.

   다시 죽음이 물었다.

"자, 네게 남은 시간이 주어졌다. 이제 무얼 하겠느냐?"

"인간으로서 삶에 부여된 의미를 발견하고 알리기 위해 끊임없이 글을 쓸 것이며,
　수의사로서 동물 객체의 삶이 의미로 가득할 수 있게 노력할 것이다."
　그게 내가, 사는 동안 해야 하는 일인 것 같다.

- 2021. 08. ~ 2025. 04.

2-5. Tone of

문장을 떠올리고 싶지만 그만한 여유 공간이 머릿속에 남아 있지 않다.

요즘 쉴 틈 없이 바빠 어쩔 수 없는 부분이지만, 글쟁이로서는 글감을 떠올릴 여유마저 부족하니 마냥 아쉽기만 하다.

11월, 붉게 물든 단풍마저 노을처럼 떨어지려 하는 때, 빛이 전보다 빠르게 사라진다.

매일 걷는 공단 오거리는 여전히 좁은 골목길 틈으로 세상의 빛을 삼켜 낸다. 반쯤 감긴 눈으로 운동화를 신고 집을 나설 때면, 눈이 반쯤 감긴 건지 반쯤 떠진 건지 알맞은 표현을 찾기 위해 애쓴다. 운동이 주는 신체적 정신적 이로움은 굉장한데, 그 효과에 중독되어 사는 나는, 반쯤 감긴 이 눈과 마음이 운동 후에는 활짝 열려 있길 기대하며 집을 나선다. 그렇게 한참을 달리고, 무거운 것을 들고 당긴다.

땀이 유난히 많은 나는 운동을 조금만 해도, 폭포처럼 땀이 쏟아져 나온다. 평상시에는 많은 땀이 종종 곤혹스러운 순간을 초래하지만, 운동할 때만큼은 괜스레 피부가 더 깨끗해지는 것 같아 땀을 더 흘리려고 노력한다. 심장 박동은 고조되고 피에 섞인

호르몬이 온몸을 빠르게 순환한다. 무수히 흘러내리는 땀방울처럼 불온한 감정도 뱉어지길 기대하지만, 오늘처럼, 그게 맘처럼 되지 않는 날이 있다.

생리학에는 Vagal tone이라는 개념이 있다. 간단히 말해 심장이 평소에 부교감신경에 의해 억제된 상태라는 뜻이다. 심장의 뛰는 속도를 조절하는 신경에는 교감신경과 부교감신경이 있다. 교감신경은 심장을 빨리 뛰게 하고, 부교감신경은 느리게 뛰게 한다. 생각하기에 두 신경이 5:5로 동일하게 작용하고 있을 것 같지만, 실제로는 그렇지 않다. 평소 심장은 부교감신경 즉, Vagus nerve가 훨씬 크게 작용하여 일종의 "억제된 상태"이다. 따라서 실험적으로 심장을 빠르게 뛰게 하는 교감신경을 제거해도, 그 작용이 원래 작았기에 심박수에는 큰 변화가 없지만, 심장을 느리게 뛰게 하는 부교감신경을 제거하면, 심장을 누르던 커다란 돌덩이가 사라진 듯 심박수가 미친 듯이 오른다.

사람의 감정도 이 Vagal tone과 참 닮아 있다.

심장을 강력히 억제하는 부교감신경처럼 감정을 누르는 거대한 무언가는 분명 존재한다. 그리고 오늘처럼 그 작용이 유난히 드센 날에는 아무리 운동을 열심히 해도 기분이 썩 나아지지 않는다. 마음을 불온하게 만드는 덩어리들을 땀에 녹여 내어 배출

시키고 싶지만, 물과 기름의 혼합이라고나 할까.

할 수만 있다면 감정에 작용하는 Vagus nerve(실제로 작용하는 것은 아니지만, 만약 작용한다면)를 잠시 차단시키고 싶다. 사람의 우울장애에 가장 많이 사용되는 약은 SSRI(Selective Serotonin Reuptake Inhibitor) 계통의 약물인데, 이 약은 쉽게 말해 Serotonin이라는 신경전달물질을 체내에 더 오래 더 많이 남아 있게 한다. 하지만 약물이 제대로 효과를 내기까지 상당한 시간이 소요되어, 알약 1알을 먹는다고 해서 달라지는 것은 거의 없다. 적지 않은 시간 동안 꾸준히 복용해야만, 나도 모르는 사이에 효과가 발현된다. 감정에도 Vagal tone이 존재한다는 것은 전혀 증명되지 않은 비과학적 소설이지만(나는 수의사인 동시에 아마추어 작가이므로), 그럼에도 불구하고 정말 존재하고, 그 거대한 돌덩이를 별다른 부작용 없이 조절하는 약이 개발된다면, 의학에 커다란 획을 긋지 않을까 싶다. 그 발견을 한 과학자는 분명 노벨생리의학상을 받으리라.

운동을 마치고 집에 돌아가는 길, 또다시 공단 오거리의 골목이다. 쏟아지던 노을빛은 사라지고, 달그림자만이 골목길의 명암을 구분한다. 이 골목이 참 쓸쓸하긴 해도 아침에는 해가 뜬다. 저기 보이는 부촌의 까마득한 고층 아파트만큼은 아니겠지만, 결국에는 해가 뜬다.

어쩌면 감정의 Vagal tone은 일종의 그림자일지도 모르겠다. 허구의 형상인가 싶은 것이, 실은 형체의 모습을 2차원으로 투영한 실제이고, 형체가 거대해질수록 그림자도 높고 넓어진다. 고된 노동을 한 감정은 하루 종일 제 몸집을 키워 냈고, 해 질 녘 노을 앞에서 거대해진 제 몸집을 뽐낸다. 그리고 이 공단 골목처럼 그림자가 유별나게 농도 짙어 보이는 곳이 있다. 하지만 내일은 다시 해가 뜬다. 체내에서 교감신경과 부교감신경이 함께 파동하듯, 빛과 그림자도 함께 변화하며 파동하리라. 그렇게 아침이 온다.

- 2021. 10.

2-6. 침묵과 비둘기

침묵해야 한다.
침묵해야 할 작은 의지 하나만을 남겨 놓고
모두 버려야 한다.

마땅히 침묵해야 할 때를 구분할 수 있겠는가?
다자이 오사무 《인간실격》의 유명한 대목 "부끄럼 많은 생애를 보냈습니다."라는 말이 내 방식대로 이해되는 요즘이다. 말이란 놈을 일부러 감춰 두고 생각날 때마다 몰래 꺼내 보곤 했었는데, 갑자기 추워진 날씨 탓에 주머니에 손을 넣다 그만, 모두 잃어버리고 말았다. 할 말을 찾으러 온몸을 뒤져 보았지만 말은 없고 부끄럼만이 빈자리를 차지했다. 그러니 나는 하는 수 없이 침묵한다.

침묵해야 할 작은 의지 하나만을 남겨 놓고 모두 버려야 한다. 살면서 누굴 존경해 본 적 없었는데, 이 순간 나는 강단 있게 입을 닫는 이들을 존경한다.

밤의 초입, 쓰이겠다는 확신이 들었다. 외로움과 고독은 담배 찌꺼기처럼 찌들어 발이 닿는 아스팔트 부분마다 타르양의 설움이 눌어붙었다. 밤마다 운동을 마치면 삶이라는 고통에서 잠시 기어 올라올 수 있었다. 눈빛은 날이 서 있었고 시퍼런 문장을 가슴에 품고 있었다. 세상의 옳고 그름, 가벼움과 무거움, SNS 댓글에 오줌처럼 싸지르는 손가락. 끝없는 혼란 속에서 나를 포함한 민중은 분명 개돼지이고, 가만 보면 세상은 이미 망했다. 이게 다 말이 많아서 그렇다. 그러니 하고 싶은 말이 많더라도 침묵해야 한다.

언어는 불완전하다.
같은 단어와 문장을 내뱉어도 사람마다 이해와 해석이 다르다. 그러므로 말이 지속될수록, 오해는 더 큰 오해를 창출한다.
지금껏 인간은 불완전한 언어를 이용해 객관성이라는 장막을 넘어 "완전함"의 세계를 설명하기 위해 노력했다. 하지만 언어가 본디 불완전하기에 완전함의 세계를 서술하는 것은 애초에 불가능하다. 우리 모두가 은연중에 이미 그 사실을 알고 있고, 특히나 시인은 그 불완전함을 누구보다도 적극적으로 "이용"하는 사람이다. 그러므로 말장난 같아 보이는 짧은 문장에도 때론 거대한 깨달음의 논리가 담겨 있고, 위대한 철학자의 마지막 문장은 참으로 짧고 명료하다. 또한 그렇기에 의미를 발견해 낸 독자는 그 문장에서 커다란 감동을 느낄 수 있다.

많이 읽고, 많이 쓰고, 많이 말할수록 도리어 언어는 침묵에 가까워진다.

세상 앞에 지나치게 비관적인 걸까? 아니면 세상이 원래 그런 걸까?

글쟁이란 본디 세상의 그림자를 바라본다. 대학가 술집 거리의 웃음소리보다 뒷골목 반지하 자취방 불빛에 더 집중해야 한다. 늘 그늘진 웅덩이를 찾아 걸어야 하며 함부로 입을 열지 말아야 한다. 말이 목 끝까지 차올라 터져 버릴 것 같을 때, 비로소 설익은 문장 한 줄이 태어난다. 그러니 글쟁이의 삶은 필연적으로 슬프다.

미숙한 글쟁이로 살며 마땅히 침묵하지 못했다.

필요 이상으로 문장을 남발했고, 그만큼의 부끄러움이 마음의 짐처럼 쌓여 갔다.

그래서 말을 감춰 놓기 시작했다. 감춰 둔 거로도 부족해 추운 날씨를 탓하며 주머니에 손을 넣다, 모두 잃어버리기도 했다.

하지만 이 시대의 비극이 젊은 글쟁이의 침묵을 깬다.

22년에 시작된 러시아 우크라이나 전쟁이 25년인 지금까지도 끝나지 않고 있다. 촌각을 다투던 이스라엘과 하마스 사이에서도 결국 전쟁이 발발했고, 북한은 지금 이 순간에도 인민들을 탄압하는 중이다. 그뿐만이랴 중국은 언제든 대만을 침공하려 발을 구르고 있고, 우리나라 내부의 혼란은 입이 백 개라도 모자랄 지경이다. 세상은 정말 망해 가고 있을지도 모른다.

비둘기는 과거에 평화의 상징이었다. 그 상징은 어느새 거리의 흉물이 되었고, 민중의 온갖 찌푸림을 박아 넣는 다트 과녁이 되어 버렸다. 푸틴을 비롯한 그릇된 지도자들이 만든 "그들만의 평화란" 흉물보다 더 흉물스러운 총과 미사일로 이룩하는 것이니, 거리의 흉물인 비둘기는 그들의 의미에서 보면 아름다운 평화의 상징처럼 보일지도 모르겠다.

민중이 개돼지라고? 기가 찬다. 개돼지는 전쟁이고 폭력이다. 그리고 이 모든 혼란을 초래한 지도자들의 그릇된 "언어"이다. 언어의 불완전함을 적극적으로 "이용"해 전쟁이란 혼란을 초래했으니, 그들 또한 시인으로 봐야 할까? 헛헛한 마음만이 심장 곁을 부유한다.

결핍은 글을 낳는다. 전쟁이 만들어 낸 치명적인 결핍으로 세계 곳곳에서 문학 스타가 대거 출현할지도 모르겠다. 그렇게 탄

생한 문학에 문학상을 주어야 할까? 위로의 말을 건네야 할까? 이 글을 쓰는 이 순간, 나는 전쟁을 일으킨 그릇된 지도자들이 거리의 비둘기만큼이나 밉다.

- 2022. ~ 2025.

2-7. 언어의 불완전함을 이용하는 사람!

이보다 훌륭한 방법이 있을까?
나는 시와 언어의 모호함을 애용한다.

지난 봄날의 밤, 여느 때와 마찬가지로 조깅을 하고 있었다. '러닝할 때 듣는 힙합 모음'에서 출발한 유튜브 알고리즘은 나를 에픽하이까지 이끌었고, 이어폰에는 어느새 타블로의 〈Airbag〉이 재생되고 있었다. "혼자 있기 싫은 걸까? 아니면 눈에 띄게 혼자이고 싶은 걸까?" 익숙한 가사가 흘러나오자, 나는 순간 달리기를 멈추고 노래를 정지했다. 뒤로 10초, 다시 재생, 뒤로 10초, 다시 재생. 그 한 줄이 오래 머물렀다.

"눈에 띄게 혼자이고 싶은 걸까?"

나에게 시는 '말하기 방식'이었다.
시와 언어가 가진 의미의 불완전함을 좋아했고, 그것은 오히려 마음을 숨길 틈을 주었다. 내 또래들의 표현으로는 '관종', MZ의 언어로는 'MBTI I와 E의 중간'. 〈Airbag〉 가사처럼, 나도 눈에 띄게 혼자이고 싶어 시를 쓴 적이 많았다. MBTI가 유행하면서부터 검사만 하면 늘 I와 E가 50:50으로 나왔다. 그 결과처럼 나는 관계에서 멀지도 가깝지도 않은 거리를 추구했다. 너무 다가오는 건 싫지만, 어딘가에서 누군가 나를 바라봐 주었으면 하는 마음. 그런 괴상한 마음.

그래서 시는 훌륭한 도구가 되었다. 시라는 모호한 언어에 감정을 숨겨 보내면, 대부분은 그냥 스쳐 지나가고, 극소수만이 그 의미를 붙잡아 함께 생각을 나눴다. 그렇게 나는 '눈에 띄게 혼자' 있을 수 있었다.

$f(x) = y$ 라면, 나에게 $f(시) = $ 눈에 띄게 혼자였다.
이보다 완벽한 공식이 있을까.

사실 이런 '말하기 방식'은 나만의 것이 아니다. 사람은 누구나 저마다의 숨겨 둔 의미를 전달할 방식을 갖는다. 누군가는 SNS로, 누군가는 음악으로, 누군가는 사진으로, 또 누군가는 침묵으로 자신을 드러낸다. 시야를 더 넓히면 동물에게도 그런 방식이 있다.

이를테면 고양이. 고양이는 집사와 멀지도 가깝지도 않은 거리를 유지한다. 너무 다가가면 싫어하지만, 멀리서 자신을 지켜보는 눈길을 즐긴다. 간식이라도 주면 금상첨화다.

고양이를 보며 나는 종종 생각한다.

거리를 유지하면서도 강렬한 인상을 남기는 존재라는 점에서, 고양이와 내가 좋아하는 음악 장르 Heavy Metal은 닮았다. 고양이는 한 번 마음을 주면 강렬하게 애정을 표현하지만, 그전까지는 쉽게 마음을 열지 않는다. 메탈 음악도 마찬가지다. 폭발적인 사운드와 화려한 무대 뒤에는 그 세계를 이해하는 사람만이 알 수 있는 은밀한 상징과 문화가 숨어 있다. 시가 내게 그랬던 것처럼 메탈과 고양이 모두 자신들만의 언어로 세상과 소통한다.

대학 시절, 나는 Rock 음악 광신도였다. 늘 그랬듯 Heavy Metal 음악을 듣던 어느 날, 'Heavy Metal = 해골과 가죽 자켓'이라는 공식의 기원이 궁금해졌다. 귀를 찢는 듯한 음악, 해골이 새겨진 가죽 자켓. 그 조합은 어딘지 잘 어울리지만, 꼭 그것만이 답일까?

검색해 보니, 이 이미지는 1978년 밴드 Judas Priest의 보컬 Rob Halford가 〈Killing Machine〉 앨범에서 가죽 패션을 입으며 시작됐다. 그는 이 스타일을 당시 게이의 BDSM 문화에서 차용

했고, 그것이 메탈의 강하고 마초적인 이미지와 맞물려 유행이 됐다.

그런데 만약 그때 Rob이 해골 대신 고양이 얼굴이 그려진 티셔츠를 입고 나왔다면 어땠을까? 나에게 시가 의미를 숨겨 세상을 향해 소리치는 말하기 방식이듯, Rob에게는 고양이 티셔츠가 그 방식이 되어, 숨겨진 의도를 찾고자 하는 대중을 더욱 열광시켰을지도 모른다. 그렇게 고양이는 하나의 상징으로 자리 잡아, 메탈을 상징하는 영적 동물이 되었을지도 모른다. 물론 이건 억지다. 하지만 만약의 만약에 그랬다면, 오늘날 나를 포함한 메탈 팬들이 장난스럽게 고양이를 메탈의 수호신처럼 모셨을지도 모른다.

"오! 나의 메시아 Kitty cat. 오늘도 신성한 Heavy Metal을 내려 주소서 Ame(n)tal."

2-8. 고양이

내게는 3살 터울의 형이 있다. 명석한 형은 학창 시절 내내 공부를 잘했고, 스스로 진로를 탐색하여, 수의과대학에 입학하는 것이 가장 적합한 선택이라는 결론을 내렸다. 스스로 목표를 세웠고, 스스로 공부했으며, 그 목표를 쟁취했다.

절묘하게도 형과는 딱 3살 터울이기에, 형이 고등학교에 입학하여 입시 공부를 본격적으로 시작할 때, 나는 중학교에 입학하여 공부라는 것에 발을 들였고, 형이 20살이 되어 수의과대학에 입학할 때, 나도 고등학생이 되어 형과 동일한 진로를 설정하며 입시 공부를 시작했다.

형이 수의대생이던 시절, 그러니까 내가 고등학생일 때, 형은 유기 동물 보호 동아리에 가입하여 활동했다. 그래서 당시의 우리 집에는 임시 보호를 위해 오가는 고양이가 많았다. 뽀뽀, 별이, 하이디 등… 많은 고양이들이 우리 집에서 임시 보호되다 입양되었고, 나는 그 과정 중에 자연스레 고양이와 함께 생활하는 법을 익혔다.

수의과대학에 입학해서는 고양이를 입양하는 것이 하나의 목표가 되었다. 본가를 오가는 고양이들 덕에 고양이와 함께 생활하는 즐거움을 알았고, 무엇보다 고양이를 키워 보지도 않고, 고양이 보호자의 상담사이자 주치의 역할을 한다는 것이 커다란 모순처럼 느껴졌다. 하지만 늘 전공 공부에 치여 살았기에 반려동물을 들일 시간적 여유가 없었고, 무엇보다 돈이 없었다. 그렇게 시간은 속절없이 흘러 5학년 2학기의 후반(수의과대학은 6년제이다)이 되었다. 다가올 6학년은 졸업 학년으로, 수업이 다소 적고 대학병원 실습과 국가고시 준비에 전념한다. 공부로 바쁜 건 여전하겠지만, 적어진 수업 덕에 시간을 조금 더 유연하게 사용할 수 있었다. 때는 이때다 싶어 바로 고양이 도란이를 입양했다. 그렇게 나는 반려묘와 함께하는 삶을 시작했다.

도란이와 함께한 지 3년이 좀 넘어갈 무렵, 집에서 혼자 맥주를 마시다가 문득 곁에서 잠든 도란이의 얼굴을 보았다. 이 현상을 게슈탈트 붕괴 현상이라고 하던가? 평소 당연해 보이던 존재가 무척이나 낯설게 느껴졌다. "도란"이란 이름이 마치 "궯홶"처럼 존재하지 않는 단어로 느껴졌고, 녀석의 털끝 하나까지도 생경했다.

생각해 보면 반려동물의 존재는 당연하지 않다. 지난날 도란이를 입양하기까지의 과정을 돌이켜 보아도, 수많은 선택에 놓인 과거의 모습을 발견할 수 있다. 그리고 결국 반려동물이란 인간이 벌인 철저한 선택의 최종 결과물이다.

인간에게는 선택할 권리가 있다. 사람과 사람 사이의 관계에서 서로 함께한다는 선택을 할 수도 있고, 관계를 끊어 낸다는 선택을 할 수도 있다. 암묵적이든 암묵적이지 않든 상호 간 일종의 동의가 있을 때 관계는 지속되거나 끊어진다. 이처럼 일반적인 사람과 사람 사이 관계에서 선택권은 양쪽 모두에게 부여된다. 그러나 사람과 반려동물 사이의 관계는 다르다. 이 관계에서 선택권은 전적으로 사람에게만 부여된다. 그날 그곳에 저 반려동물이 있었고, 그 반려동물이 사람 마음에 들었기에 그 사람 집에 함께 살 수 있는 허락을 받은 것이다.

혹자는 인간이 만물의 영장이고, 그렇기에 선택권은 대등한 관계인 사람 사이에서만 발생된다고 주장하기도 한다. 하지만 수의사인, 무엇보다 동물을 진심으로 사랑하는 사람인, 내 입장에서 인간이 만물의 영장이라는 논리는 썩 불쾌하다. 그들은 다양한 논리적 뒷받침을 근거로 생태계에서 인간의 우월성을 주장하지만, 내게 있어 모든 논리들을 넘어서는 "논리의 봉우리"는 "사랑"이기에, 아가페적 사랑을 끊임없이 제시하는 반려동물을 결코 사람보다 하등하다고 생각하지 않는다. 사랑을 제외한 모든 부분에서 반려동물이 사람보다 덜할지라도, 사랑 그 하나만큼은 사람을 아득히 넘어섰다고 생각하기에, 사람과 반려동물 사이의 관계는 상하 계급으로 논할 수 없다고 생각한다.

그럼에도 불구하고 사람은 반려동물을 선택하고, 반려동물은 선택당한다. 그렇기에 사람이 반려동물을 극진히 보살펴 줘야 한다는 논리가 성립된다. 반려동물에게는 선택권이 없었고, 반려동물이 나와 함께 내 집에 살아야 한다고 내가 결정했으니, 우리 사람들은 반려동물을 진정으로 아끼고 위해야 한다.

2021년 발표된 자료에 따르면 우리나라에 반려동물을 키우는 가구는 약 604만 가구로, 전체 인구의 28%에 달하는 약 1,448만 명이 반려동물과 함께 살아간다. 반려동물을 사랑하는 사람으로서 저 수치를 보고 있자니 기분이 참 좋지만, 한편으로는 반려동물을 대하는 사람들의 마음이 모두 나와 같지는 아닐 것이기에 걱정이 되기도 한다. 위에서 언급했듯 흔히들 반려동물의 사랑을 아가페적 사랑이라 부른다. 묻지도 따지지도 않고 반려동물은 사람을 무조건적으로 사랑한다. 참 오묘하다. 굳이 내가 아니라 다른 사람이 너를 선택했어도 너는 무조건 그 사람을 사랑했을 텐데.

많은 이들이 나와 같은 게슈탈트 붕괴 현상을 경험해 보았으면 한다. 평소 당연해 보였던 반려동물에 낯섦을 느끼며, 그 존재가 당연하지 않았음을 되새겼으면 한다. 그렇게 우리가 반려동물을 진정으로 아낀다면, 그들이 발하는 아가페적 사랑이 진정한 의미의 아가페적 사랑이 되지 않을까?

- 2021. 11. ~ 2025. 04.

Chapter2. 마무리

"모든 것을 향한 사랑이 나를 아프게 하지만,
그럼에도 불구하고 나는 온통 사랑하겠습니다."

Chapter 3.

행과 연

3-1. 행과 연

행 行
[문학] 글을 가로나 세로로 벌인 것
[문학] 한시의 체의 하나, 악부에서 나온 것으로 사물이나 감정을 거침없이 표현하는 방식

행 行
[명사] 여행

연 聯
[문학] 시에서 몇 행을 한 단위로 묶어서 이르는 말

연 緣
[명사] 서로 관계를 맺게 되는 인연

남자가 쓴 시는 행이 묶여 연을 이뤘다.
글을 찾아 떠난 행의 끝에서 새로운 연이 나타났다.

문학에서의 그리고 명사로서의 행과 연은 결코 다르지 않더라.

그러므로 남자에게
문학은 곧 여행이며, 시의 연은 새로운 인연을 만든다.
멈췄던 글이 흐른다.

3-2. 3인칭 개인적 시점 : 남자

가끔은 3인칭 시점이 되어 볼 필요가 있다.

맹목적으로 자유를 좇다 보면 어느샌가 전혀 자유롭지 않다는 결론에 도달한다.

스스로가 빚어 만든 생각 감옥에 갇혀 버리기 때문이다.

인간 사회를 지탱하는 벽돌집은 삶에서 피어나는 아이러니들을 빚어 만들었기에

우리 삶은 필연적으로 역설적이다.

가령 책상에 앉아 글을 쓰는 내 모습을 상상해 보자.

원룸살이를 졸업하고 찾아낸 작은 투룸, 큰방과 작은방, 큰방은 침실 공간으로 남겨 두고, 작은 방은 반으로 톡 쪼개 한쪽은 옷방, 남은 한쪽은 160cm 공부용 책상.

그 책상에 앉아 있는 남자.

성능 좋은 PC로 게임을 하고 싶어 아르바이트 급여를 탈탈 털어 구입한 컴퓨터, 동기 형들에게 추천받아 구입한 기계식 키보드, 정작 게임 할 때보다 글을 쓸 때 더 애용하는 경쾌한 타자 소리, 시선을 앞으로 옮기면 보이는 27인치 모니터. 빼곡히 적혀 있는 검은 글자들.

3인칭 시점으로 시선이 객관성을 갖을 때, 비로소 스스로 만든 생각 감옥에서 잠시 빠져나올 수 있다. 고작 생각만으로 탈옥할 수 있는 감옥, 애초에 감옥이 아니었을지도 모른다. 죄수를 가두면 열 중 아홉은 내 집처럼 들락날락하리라. 하지만 마지막 남은 한 명은 늘 나이며, 이 글을 읽는 당신이다.

- 2021. 05. 28.

3-3. 새벽행

  장대비가 떨어지는 월요일 새벽, 출근을 위해 6시에 집을 나섰다.

  내비게이션에는 88km, 1시간 16분이라는 수치가 보였고, 남자는 챙겨온 커피를 입안에 밀어 넣으며 운전을 시작했다. 조수석에는 자다가 잡혀 온 고양이가 어리둥절한 표정으로 남자를 바라보았고, 빛이 없는 하늘에선 굵은 빗줄기가 대신 내려왔다.

  그렇게 비는 가을의 마지막이자 새 겨울의 시작을 알렸다.

  빗방울이 거세져 운전이 걱정되던 즈음에 고속도로를 빠져나왔다. 익숙한 기계음이 3,400원이 결제되었음을 알렸고, 넓은 도로와 합류하는 기점엔 정체된 출근 차량의 행렬이 보였다. 이른 새벽부터 저들은 어딜 저렇게 향해 가는지, 하나하나 붙잡아 묻고 싶었다. 당신들의 하루는 여전히 안녕한지. 혹은 그러하지 못한지.

  고속도로의 중간 즈음부터 밝아 오던 하늘이 이제는 제법 아침스러워졌다. 예보대로 구름과 함께 장대비가 쏟아졌지만, 우연처럼 빛과 함께 무지개가 나타나지는 않았다.

  그쯤이었나,

이 도시가 싫어졌다.

깜빡이와 비상등을 켜 대며 거대한 군집 속으로 소규모 무리가 합류했고, 그중엔 남자와 고양이가 탄 차도 있었다. 한시름 놓이니 자연스레 조수석의 고양이에게 눈이 갔다. 여전히 반쯤 어리둥한 표정으로 남자를 바라보고 있었다. "빨리 가서 간식 먹자. 미안해." 마음을 아는지 모르는지 고양이는 천천히 눈을 감았다 떴다. 고양이는 이 도시에서 남자가 유일하게 마음을 주는 대상이었다.

고속도로를 빠져나온 뒤 15분, 자취방에 도착했다. 서둘러 고양이와 짐을 집 안에 들여놓았다. 빗줄기는 그새 더 굵어졌다. 아침 해가 채 들지 않은 북향의 방은 아직 한밤중이었고, 바닥은 겨울의 시작처럼 차가웠다. 보일러의 설정을 초겨울에서 한겨울로 바꾸고 온도를 한껏 올렸다. 남자는 출근하면 그만이지만, 집 안에 남아 있을 고양이를 위해서였다.

남자는 며칠 잠들었던 방을 흔들어 깨웠다. 노란 이케아 조명, 파란 불이 들어오는 공기 청정기, 귀찮아서 미뤄 둔 설거지, 습관처럼 돌리는 청소기. 늘 행하던 아침 루틴이었다. 한 가지 달라진 것이 있다면, 찬장에 새로 들인 종이봉투를 아침마다 꺼내 보는 일. 작게 적힌 20mg을 가만히 바라보다 꿀꺽 삼켜 버리는 일.

  서둘러 출근 준비를 했다. 옷을 갈아입고 노트북을 챙겼다. 보일러의 20분짜리 타이머가 한 번 돌아갔지만 식었던 방은 좀처럼 따뜻해지지 않았다. 남자는 웅크린 고양이의 모습을 보고 보일러의 타이머를 한 번 더 눌렀다. 노트북 가방에선 꾸깃하게 접힌 종이봉투가 나왔다. 발로 밟아 여는 회색 쓰레기통을 열어 가장 깊은 곳에 봉투를 밀어 넣었다.

  8시 30분, 하루가 시작된 지 2시간이 좀 넘은 시각. 남자는 다시 운전대를 잡았다. 빗줄기는 아까보다 더 굵어져 있었다. 골목에서 빠져나와 공단 오거리로 향했다. 빗속에 뒤엉킨 출근 차량 행렬은 거나했고, 도로는 빗물에 반사된 안개등 불빛으로 메워졌다. 늘 다니던 도롯가엔 남자가 씹다 뱉은 고독이 시체처럼 널브러져 있었고, 그 위로 그보다 더 시체 같은 사람들이 발걸음을 옮겼다. 이미 죽은 상권의 공단 오거리는 살아왔다기보다 버텨 온 기억이 더 많은 장소였다. 하루가 길어질 것 같은 느낌이 들었다.

  이 도시로의 새벽행,

  물보라를 일으키며 멀어지는 출근 차량 행렬,

채 걷히지 않은 새벽안개,
그보다 농도 짙은 공단 오거리 사람들의 날숨,
이 도시의 하루는 그렇게 시작되고 있었다.

- 2021. 12.

3-4. 퇴근길

  십이월의 시작, 5시부터 찾아온 창밖의 어둠을 바라보며 남자가 말했다. "동지(冬至)가 되려면 아직 멀었지?" 동료는 모니터 옆에 놓인 달력을 가리키며 답했다. "12월 22일이네, 아직 멀었어." 슬며시, 가을부터 길어지던 그림자는 어느새 세상을 전부 덮어, 퇴근 시간이면 컴컴한 밤이 되어 있었다. 남자의 퇴근길은 항상 공단 오거리를 지났다. 평소에도 복잡한 곳인데 퇴근 시간이면 꽉 막힌 동맥의 혈전처럼 이러지도 저러지도 못하는 상황이 늘 반복되었다. 초록에서 빨강으로 바뀌는 신호를 서너 번쯤은 보고 나야 가까스로 하나의 신호를 지날 수 있었다. 공단 오거리로 합류하는 도로의 폭은 굉장히 좁은 왕복 2차선인데, 그곳에 대기할 때면 자연스레 맞은편 골목 어귀가 눈에 들어왔다. 어두침침한 골목 어귀에는 골동품을 취급하는 만물상이 있었고, 팔리지 않는 물건이 계속 되어 쌓여 있었다. 해가 떨어질 때면 만물상 쪽으로 그림자가 파도치듯 들이쳤고, 골목은 만조의 항구처럼 그림자 속에 가라앉았다. 공단 오거리와 만물상은 공단으로 향하는 초입이었다.

  만물상을 좌측에 끼고 돌아 들어가면 남자가 사는 자취방 골목이 나왔다. 공단 오거리의 대로변과는 고작 한 블록 떨어져 있었는데, 골목의 공기는 늘 이상하리만치 습하고 무거웠다. 밤낮으로 뿜어져 나오는 저 공단 굴뚝의 수증기 때문이라기엔 설명할 수 없는 응어리가 밀도 높게 뭉쳐 있었다. 자취방 앞에 주차하고 차에서 내려 숨을 들이쉴 때면 골목의 공기가 폐포 덩어리 사이사이를 배회했다. 그때마다 남자는 공단 오거리의 사람들을 생각했다. 밤낮 가리지 않고 일하는 사람들, 그들 입에서 굴뚝 수증기처럼 뿜어져 나왔을 그 거친 숨에 대해 생각했다.

늦은 밤이면 남자는 습관처럼 집 밖으로 나갔다. 지나는 가로등 불빛마다 시선이 한참이나 머물렀고, 가늘게 뜬 눈으로 가로등 빛이 번져 다리를 놓았다. 저녁 한때 비가 내린 날이었다. 습한 공기에서 안개가 피어올랐고, 앞 행인과의 거리를 채 가늠하기 힘든 안갯속에서 남자는 가로등 불빛을 이정표 삼아 걸음을 옮겼다. 두껍게 가라앉은 공기는 도시의 낮은 곳으로 모여들었고, 지나는 골목의 귀퉁이마다 습기가 고여 검은 웅덩이가 되어 있었다. 덤프트럭이 지나다니는 아스팔트 균열 사이로 물기가 스며들었고, 그 위로 발자국을 디딜 때면 검은 물이 퍽 하고 튀었다. 남자는 구태여 좋은 길을 놔두고 움푹 파인 길만을 찾아다녔다. 물속을 걷는 것 같았다. 남자가 입고 있던 패딩은 온통 축축해졌다. 몇 주 전 술을 진탕 마시고 넘어지는 바람에 패딩의

왼쪽 소매가 찢어져 있었다. 하는 수 없이 올해까지만 입고 버릴 생각이었고, 남자는 패딩이 젖든 말든 개의치 않으며 걸음을 이어 갔다.

공단 골목을 빠져나가 하천가에 다다랐다. 늘 가는 조깅 코스의 첫 번째 관문이었다. 듣기론 살구나무 길이란 이름으로 불린다고 했다. 하천을 따라 은은하게 켜진 조명이 길을 밝혔고, 나란히 걷는 연인들의 모습이 자주 보였다. 물줄기를 따라 한참 걷다 보면 이 도시에서 가장 비싸다는 아파트가 나왔다. 그 아파트 앞 사거리가 조깅 코스의 반환점이었다. 남자는 걸음을 멈추고 잠시 숨을 골랐다. 들이마시는 공기의 무게가 한껏 가벼웠다. 이곳은 하천가로 분명 공단 골목보다 습기가 가득할 터, 공기가 무거우면 무거웠지 가벼울 리가 없었다. 그때 남자는 공단 오거리 사람들의 모습을 다시 떠올렸다.

좁은 골목에 이중으로 주차된 차, 고개를 숙인 채 걸어가는 청년들, 표정 없는 이름들.
"아!" 순간 가슴속에 불러 본 적 없는 이름이 메아리쳤다.
공단 그림자에 삼켜진 그들의 이름에서 참을 수 없는 삶의 무게가 시큰하게 느껴졌다.
그 순간 남자는, 온데간데없고, 한 소년이 하천가에 덩그러니

서 있었다.

비참했다.

공단 골목을 부유하는 한숨들이 비참했고, 저 번쩍이는 고층 아파트의 불빛이 비참했고, 감출 수 없는 이 도시의 설움이 비참했다.
밝은 가로등 불빛 아래 덩그러니 서 있는 가장 짙은 그림자가 서러웠다.

낮은 곳으로.
유체가 중력 방향으로 흐르듯, 이 도시의 모든 설움은 낮은 곳으로 흘러들고 있었다. 습기가 고여 검은 웅덩이를 이루듯, 설움 섞인 사람들의 삶이, 바로 이곳, 공단 오거리에 모여 있었다.
남자는 그곳에 멈춰 서 소년으로, 다시 소년에서 아이로 돌아가고 있었다.

- 2021. 12.

3-5. 멈춘다는 것

빠르게,

그러니까 나무가,

늘어진 고무줄같이 보일 만큼 빠른 기차 밖으로 남자는 본다

공단 사람들의 목을 걸어 둘 나무를 찾는 중이다

생각 없이 틀어 둔 유튜브 영상에선 지구가 자전을 멈췄을 때 벌어지는 일을 설명하고,

먼 옛날 갈릴레오의 말처럼 그래도 지구는 돈다

저기 멈춰 선 시골 역 플랫폼의 뒤통수들

남자가 가는 건지 그들이 가는 건지 서로 다른 방향으로 움직여만 간다

멈춤에 대해 처음 고민했을 때가 생각난다

저녁이면 가장 먼저 그림자가 드리우던 공단 오거리의 골목이었다

원룸 앞에는 꼭 윗집 아저씨가 나와 있었다

회색 섞인 곱슬머리, 불투명한 눈빛, 가뜩이나 햇빛도 적은데 꼭 남자의 방 앞에 세워 둔 탑차

선택이든 필연이든 골목에서 멈춰 버린 아저씨의 삶

구태여 받아들인 당신의 고립

남자는 고뇌했다
조연호 시인의 문장처럼 저 벌레 먹은 잎도 황홀함을 알까?
남자는 아저씨를 동정했다

머리색보다 더 회색빛인 눈동자를 동정했고
공단 골목에 처박힌 채로 끝날 인생을 동정했다
반 발자국도 나아갈 수 없이 단단히 멈춰 버린 삶 앞에, 남자는 동정했다

그때부터
멈춘다는 게 싫어졌다

- 2023.

3-6. 도시 그곳

　스산했던 12월 25일의 아침, 겨울바람이 제 온도를 알렸다. 인터넷 기사 헤드라인은 동해안의 눈 소식을 알렸고, SNS에는 속속들이 눈 영상이 업로드되었다. 폭설이었다.
　남자는 습관처럼 조깅을 나섰다.

　'적당히 쓸쓸하고 많이 속상한 탓이겠지.' 글이 될 수 없는 문장들이 남자의 머릿속을 맴돌았다. 오늘의 조깅 코스는 평소와 달랐다. 평소 공단 오거리의 대로를 건너지 않고 공단 골목을 따라 쭉 걷곤 했었는데, 오늘은 대로를 건너 보기로 결정했다. 왕복 8차선의 도로를 건너자 시장으로 이어지는 골목이 시작되었다. 차가 늘 밀리는 것으로 보아 장날의 구분은 딱히 없는 것 같았다. 안쪽으로 들어갈수록 바닥에 앉아 물건을 파는 행상인의 모습이 더 많이 보였다. 무, 당근, 감자, 나물. 남자는 혹여나 밟을세라 종종걸음으로 행상인 사이를 지났다. '저걸 씻어 먹어도 깨끗할까?' 같은 생각이 얼굴 앞을 부유했다. 드러난 피부 없이 귀마개와 마스크로 꽁꽁 감싼 할머니들의 모습이 스쳐 지나갔고, 남자의 기억 속에는 그 누구의 얼굴도 제대로 각인되지 않았다. 그렇게 시장 중심부에 진입하자 작은 분식집이 하나 나왔다.
"잔치국수 하나랑, 야채 튀김 2개, 피자 만두 튀김 3개 포장이요."
잔치국수는 사천 원, 튀김은 5개에 이천 원이었다. 입이 짧은 남자에게 한 끼 이상의 많은 양인데도 다 합쳐 고작 육천 원이었다.

도리어 사람이 많은 곳에서 느끼는 충분한 양의 공허.
언어라는 경계에 갇힌 문장은 곱씹을수록 공허해졌고, 잔치국수 솥단지 위에 피어나는 공허의 수증기 아래서 출처를 알 수 없는 새 생명이 상체를 일으키고 있었다.

슬펐다.

이 도시 모든 슬픔이 모여 끓고 있는 저 솥단지.
밤마다 두 팔로 무릎을 감싸안은 영혼이 하나의 거대한 심장 모양으로 두근거렸을 저 솥단지.
하나의 생명을 잃고 동시에 새 생명을 잉태한 셈이다.
이 시장 행상인과 시장을 찾는 모든 이들은 그런 삶을 살고 있으리라.

남자는 잔돈 사천 원을 거슬러 받으며 생각했다. 이 도시에, 아니 적어도 공단 오거리를 중심으로 뻗은 공단과 시장 골목에 신은 없다. 우리에게는 당장에 신보다 눈앞에 놓인 잔치국수 솥단지가 더 중요하다. 남자에겐 미카엘이라는 세례명이 있었다.

검은 봉지 2개를 받고서 아까와는 다른 길로 돌아가기로 했다. 출렁이는 국수를 들고서, 다시 똑같은 춤을 추며 행상인 사이를 지날 수는 없었다. 아까 그 할머니들의 얼굴을 다시 한번 보면, 그들의 표정과 몸짓이 남자의 기억 속에 각인될 수는 있을까? 김광석의 노래처럼 우리는 '매일 이별하는 중'이었다. 도달한 골목의 끝에서 아래를 내려다보곤 잠시 멈칫했고, 남자는 뛰어내렸다. 어림잡아도 2분, 공허의 세계로 자유 낙하하는 중이었고, 국수는 넘치지 않았다. 신이 도와준 모양이었다. 집에 도착한 남자는 진한 국수 국물에 야채 튀김 2개를 담갔다. "후루룩!" 국수와 국물을 들이켰다. 맛있었다. 육천 원의 맛이 아니었다. 그때 남자는 시간이 2주 남짓 남았다는 걸 깨달았다. 이 도시와 진정 이별할 때가 되었다.

12월의 끝까지 결국 눈은 단 한 번도 내리지 않았다.

- 2021. 12. ~ 2022. 01.

3-7. 남도행

 남쪽 땅의 벚꽃이 눈처럼 떨어지는 늦봄, 남자의 남도행이 결정되었다. 열 평 남짓한 투룸에서 가져온 짐이 박스째 집안 곳곳에 쌓여 있었다. 박스 안에는 언뜻 보기에도 사용하지 않을 잡동사니가 떨어진 벚꽃잎처럼 널브러져 있었다. 담당자로부터 관사가 배정되었고 작은 원룸이라는 연락을 받았다. 머리를 이리저리 굴려 봐도 저 잡동사니가 다 들어갈 것 같지 않았다. 내키지 않았지만, 남자는 짐을 모두 풀어 정리하기로 마음먹었다. 오백 원짜리 뽑기로 뽑은 장식품들, 무거운 전공 서적, 각종 생활용품까지 한때 정을 주던 물건들이 보였다. 그중엔 대학 동기가 생일날 만들어 준 네온사인도 있었다. 'Ocean Bar' 자취방에서 술을 한잔할 때면 켜 두곤 했었는데, 어느새 관심 대신 먼지가 가득 쌓여 있었다. 후- 불어도 눌어붙은 먼지는 떨어지지 않았다. 박스 안에는 못해도 그런 물건이 수십은 되었다. 남자는 찌그러진 쓰레기 봉지를 탈탈 털어 부풀렸고, 저 아래 가장 깊숙한 곳으로 물건들을 밀어 넣었다. 버려질 것들의 마지막 순간을 지켜보며 하나씩 눌러 담았다. 그런 남자를 보며 할머니는 먼 타향살이 혼자 어찌 살아가냐며 걱정을 쏟아 놓으셨다. 남자는 반려묘만 있다면 어디든 잘 살 수 있다며 웃었다. 그렇게 짐의 절반 가량이 줄었다.

유난히 맑은 사월의 새벽, 이삿짐 트럭이 경적을 울렸다. 테트리스 게임 하듯 박스를 트럭에 옮겨 실었다. "전라남도 영암, 이 주소가 맞죠?" 기사님이 핸드폰 화면을 들이밀었다. 살아생전 가 봤을 리는 만무하고 들어 본 적도 없는 지명이었다. 남자의 지역 선택권은 150명 중 149번째로 주어졌고, 남은 지역은 앞의 148명이 뽑고 남은 차악과 최악뿐이었다. 뽑기로 뽑은 순위가 149번이라는 걸 알게 된 순간부터 이미 모든 걸 내려놓았지만, 막상 이삿짐을 싣고 출발할 때가 되니 허탈한 마음이 들었다. 멀리 보이는 산등성이에서 해가 고개를 내미는 새벽, 남자는 손때 묻은 많은 것을 남겨둔 채 남도행 차량에 몸을 실었다.

시간이 얼마나 지났을까, 막 떠오르던 해는 어느새 정남향까지 치솟았고 그림자 하나 없는 나주평야가 광활함을 뽐냈다. 평생을 분지 지형에서 살아온 남자에게 평야는 교과서 그림으로만 보던 풍경이었다. 생경했다. 도로 양옆으로는 끝없는 황토밭이 펼쳐졌고 표지판에는 황토 고구마를 선전하는 광고가 붙어 있었다. 평야의 저편에 제 혼자 솟아오른 바위산이 보였다. 이 남도행의 종착지인 월출산이었다. 월출산 자락 바로 아래 작은 읍내 구석에 이삿짐 트럭이 멈춰 섰다. 3층짜리 원룸 건물이 보였다. 외관은 푸른 기가 섞인 라이트 그레이색이었고, 잔뜩 신경 써서 고른 듯한 글씨체로 건물 이름이 적혀 있었다. 건물주의 아들로 보이는 남자가 꾸뻑 인사를 건넸다. 야외 활동을 많이 하는지 다소 까무잡잡했고 몸이 다부졌다. 사월의 바람은 아직 차가웠는데 개의치 않은 듯 반바지를 입고 있었다.

"1층과 3층에 각각 한 방씩 남아 있습니다."

"3층 먼저 볼게요."

남자가 방을 볼 때 두는 유일한 기준은 반려묘였다. 출근하여 집을 비운 사이 높은 곳에서 창밖을 구경하길 바랐기에 마음은 이미 3층 방을 선택한 뒤였다. 방의 크기는 대학가 원룸과 다르게 다소 넓었다. 반려묘가 답답해하지 않을까 걱정했었는데 이 정도 크기면 충분히 뛰어놀 수 있을 것 같았다. 남도행이 결정된 이래 처음으로 마음이 놓였다.

"여기로 할게요."

"1층은 안 봐도 괜찮으시겠어요?"

"네, 탁 트여서 여기가 더 좋을 것 같네요."

이삿짐을 옮기기 시작했다. 가장 먼저 옮긴 것은 반려묘가 잠들어 있는 이동장과 화장실이었다. 오는 내내 불편하고 힘들었을 텐데 울음소리 한 번을 내지 않았다. 미안하고도 대견한 마음에 이동장 문을 열어 가볍게 쓰다듬어 주었다. 평소 같으면 곧바로 나왔을 녀석인데 처음 보는 방이 낯선지 큰 눈만 끔뻑일 뿐 움직이지 않았다. 서둘러 방 정리를 시작했다. 평소 깔끔하게 치우는 걸 좋아하는 남자였기에 보이지 않는 구석까지도 모두 손길이 닿아야 직성이 풀렸다. 그 바람에 이른 오후 시작한 방 정리는 어두운 밤이 되어서야 끝이 났다. 그즈음 녀석도 이동장에서 나와 좋아하는 담요 위에 자리를 잡았다.

"내일 조심히 올라가세요"

남자는 심심한 인사를 건네며 운전석 창문을 올렸다. 부모님을 역 근처 호텔에 모셔다드리고 정리가 끝난 방으로 향했다. 역에서 읍내까지는 차로 30분 정도 떨어진 거리였다. 어두워진 시골 거리의 풍경은 낮과는 비교할 수 없을 만큼 쓸쓸했다. 넓은 평야, 낮은 산, 끝없이 깔린 황토밭, 그리 높지 않은 건물. 평야와 황토밭에서 뿜어져 나오던 낮의 생명력은 온데간데없이 사라진 채 검은 장막만이 도로를 뒤덮었다. 읍내로 들어오니 가로등 불빛만이 드물게 보일 뿐 어두운 건 마찬가지였다. 적막함이 남자의 가슴 깊은 곳까지 파고들었다. 이제 정말 남자와 고양이만 남았다.

남자는 적응을 잘하는 사람이었다. 역마살이 꼈는지 늘 돌아

다니길 좋아했고, 남자와 적응은 떼래야 뗄 수 없는, 필연을 넘어선, 애증의 관계였다. 지난날 남자는 고독과 쓸쓸함에 사무쳐 거울 속 눈동자와 치열하게 사투했고 가끔은 눈동자를 향해 말을 걸곤 했었다. 몇 해 전 제주 살 적 이야기였다(Chapter1-2. 퇴근길). 그 시절 제주는 남자에게 기회이자 시련이었다. 그 삶의 끝에서 비로소 내면의 자아와 마주할 수 있었다. 그는 폭풍이었다. 무엇 하나 부술 수 없이 여리지만, 매서운 폭풍이었다. 한때 남자는 내리는 비가 두려워 타인이라는 우산을 찾곤 했었다. 우산은 폭풍 앞에서 맥없이 흔들릴 뿐 비를 막아 줄 수는 없었다. 오랜 시간 끝에, 자신의 모습을 직시하고 거울 속 눈동자와 또렷이 마주했을 때. 비로소 폭풍과 마주했을 때. 남자는 우산을 내려놓고 하늘을 보았다. 여전히 비가 내렸지만 더 이상 두렵지 않았다(Chapter1-4. 비로소 폭풍과 마주했을 때).

  이 남도의 거리를 배회하자니 제주에서의 삶이 떠올랐다. 낮게 깔린 산들은 마치 오름을 연상케 했고, 우거진 초목은 곶자왈을 보는 듯했다. 다른 것이 있다면, 쌓인 돌담이 현무암이 아닌 정도일 뿐 이상하리만큼 제주와 닮은 구석이 많은 곳이었다. 남자는 그리운 밤바다를 떠올렸다. 순간 읍내 거리는 검은 파도가 일렁였고, 지나는 가로등 불빛은 불 켜진 어선을 보는 듯했다. 새로운 여정이 시작될 것만 같았다.

이제 남자는 한반도의 먼 남쪽 끝자락에 산다. 이 삶이 또 다른 기회가 될지 크디큰 시련이 될지 아무도 모르지만, 어떤 순간이 찾아온들 유연히 받아들일 수 있음을, 남자는 이제 안다.

남자의 남도행은 이렇게 시작되었다.

- 2022. 04.

3-8. 남도행2

"비 내리는 호남선 남행 열차에…"

남도에 오고 벌써 한 달이 흘렀다.
서쪽에 난 창문으로 해가 지고 있었고, 노을이 들어오는 부엌 창틀엔 고양이가 앉아 있었다.
라이트 그레이 색상의 몰딩은 햇빛을 발라 놓은 듯 붉게 물들었다.
이곳은 사람도 차도 지나는 일이 거의 없어 조용하다 못해 적막이 흘러 사방을 메웠다.
남자의 방은 딱 차분할 정도로 어두웠고, 하얀 김이 올라오는 흰쌀밥이 책상 위에 놓여 있었다. 남도에 온 이후 처음 느껴 보는 여유였다. 무엇 하나 급할 이유 없는 이곳에서 남자는 쫓기듯 적응하기 바빴다. 남행 열차 노래처럼 두고 온 사랑 같은 건 없지만, 평생을 살아온 고향에서 이토록이나 멀어졌다는 것은 멀어진 사랑만큼이나 가슴속에 허탈함을 남겼다. 남자는 남자의 방식대로 남행 열차를 이해한 셈이다.

남자의 행은,

지금껏 떠나고 나타나는 것을 반복하며 이곳, 서해와 남해의 꼭짓점까지 흘러들었다. 그제 본 영산강 물줄기는 굽이 흘러 서쪽 하늘과 맞닿아 있었고, 한 번 떠나간 문장은 다시는 돌아오지 않았다. 노을 지는 것을 보며 남자는 자신에게 머무름을 말했고, 비로소 고요할 수 있었다.

살아간다는 건,

수만 번 생각해 봐도 참 이상하다.

원하든 원치 않든 우리는 매일 정확히 한 걸음씩 나아가는 중이고,

현재에 살면서 현재에 사는 것은 또 어찌나 어려운지,

고개는 연거푸 뒤돌아보기만 한다.

어느 베스트셀러의 저자는 앞을 보고 정진하라 말하지만,

우린 도무지 그럴 재량이 없다.

과거의 글에서 말했듯 멈춘다는 것이 두려웠지만(Chapter3-5. 멈춘다는 것).

나아갈 의지를 남겨 둔 채 잠시 멈춘다면 그것은 머무름이 되지 않을까.

그렇게 남자는 물이 흐르듯 남도의 가장 낮은 곳에 조용히 자

리했다.

곧 장마가 시작되리라.
계절이 바뀌며 비가 오면, 진정 '비 내리는 호남선'에 타게 되리라.
그러면 그 노래의 서정을 더 이해할 수 있지 않을까.
남도행,
남자의 남행 열차는 오늘도 어김없이 출발한다.

- 2022. 05. ~ 2025. 05.

Chapter3. 마무리

"남자가 쓴 시는 행이 묶여 연을 이뤘다."

"글을 찾아 떠난 행의 끝에서 새로운 연이 나타났다."

"문학에서의 그리고 명사로서의 행과 연은 결코 다르지 않더라."

"그러므로 남자에게"

"문학은 곧 여행이며, 시의 연은 새로운 인연을 만든다."

"멈췄던 글이 무수히 흘렀고"

"다시 이곳에 잠시 머물러 있다."

4-1.

도대체 무엇을 시라 할 수 있을까?

하루도 빠짐없이 글을 쓰던 시절, 철학과를 졸업하고 시를 쓰던 형을 만났다.

그가 말하길, 시가 시다워야 시라고 했고, 버스를 탔는데 모든 승객이 시집을 읽고 있다면 그 세상은 디스토피아라고 했다.

지난 몇 년간 글을 쓰며 그의 생각을 이해하기 위해 애썼다.

석학들이 말하는 시와 에세이를 공부하고 싶어 디지털 대학에서 문학사 학위도 취득했다.

하루는 교수님께 질문을 드렸다.

왜 시가 시다워야 시냐고.

왜 버스의 모든 승객이 시집을 읽고 있다면 그 세상이 디스토피아냐고.

교수님은 잠시 침묵하더니 조용히 웃으며 말했다.

"모르겠어요."

그제야 내가 쫓는 것이 허상임을 알았다.

어쩌면 그가 말하는 시란 일상의 언어로 쓰인 비일상적인 문장이며, 시다움이란 단순히 산문처럼 의미를 전달하는 데 그치지 않고, 언어의 형식과 감각 그리고 무엇보다 깊은 자기 성찰을 담고 있어야 할 것이다. 즉, 시는 본질적으로 비일상적인 성질을 지닌 문장이며, 그 성질을 유지하려면 소수에게만 읽혀야 한다. 버스 안의 모든 승객이 시집을 읽고 있다면, 그에게 그 풍경은 시의 언어가 일상의 언어로 전락해 버린 디스토피아일 수 있다.

쉽게 말해 초짜 글쟁이들의 글은 시로 인정할 수 없다는 이야기다.

그의 생각에 고개를 끄덕이기도 하지만, 내게 시란 아파트 엘리베이터에서 마주친 이웃의 인사에서부터, 니체의 말 한 줄까지, 삶 곳곳에 스며 있는 모든 순간이다. 그래서 나는 그에게 동의하면서도 끝내 고개를 돌릴 수밖에 없다.

이 Chapter의 문장들은 내가 믿는 시의 모습이다.
아파트 엘리베이터에서 들은 인사처럼 지극히 일상적인 문장부터, 낯설고 난해한 비일상적 언어까지.
다양한 형태의 문장을 담았다.

4-2. 생각 단속

  남들 퇴근하는 시간에 통유리 카페에 앉아 퇴근 차량 행렬을 본 적 있나?

  바람은 살짝 쌀쌀하고, 길거리는 어둑어둑해지며, 가로등과 자동차 라이트는 하나둘 켜지고, 저 멀리 노을은 붉게 물든다.

  그 풍경을 바라보고 있자니 문득, 저 운전자들이 지금 무슨 생각을 하고 있는지 궁금하다.

  마치 음주 단속처럼, 지나는 자동차를 하나씩 세워 '생각 단속'을 해 보고 싶다.

  누구는 빨리 집에 가고 싶다 할 테고

  누구는 치킨을 픽업하러 간다 할 테고

  누구는 반려동물을 보고 싶다 할 테고

  누구는 직장 상사 욕을 중얼거리겠지.

  시집이 별거 있나?

  그 생각들을 모두 모으면 그게 시집이지.

- 2019.

이 글을 쓰던 때, 가을이었고 나는 제주에 살고 있었다.

제주시 도심의 교통 체증은 악명 높기로 유명하다.

그날도 어김없이 퇴근 차량 행렬이 거대한 덩어리를 이루었고, 모든 차의 후미등에는 브레이크를 밟을 때 켜지는 붉은 불이 들어와 있었다.

하루 이틀을 빼고는 거의 매일 출퇴근을 반복하는 우리. 딱 일주일만 음주 단속처럼, 지나는 모든 운전자에게 생각을 물어볼 수 있다면, 대체 어떤 이야기들이 어떤 글들이 이 세상에 태어날 수 있을까?

그 시절 나는 그게 무척이나 궁금했다. 그리고 출판을 위해 글을 다듬고 있는 지금도 여전히 궁금하다. 할 수만 있다면 지금이라도 해 보고 싶다.

4-3.

온몸으로 바람을 만지던 날
섬이 더 이상 말을 걸어오지 않았다
감귤밭이 아직 초록으로 보일 때였다

눈앞의 돌담마저 내가 되었을 때
섬은 단 한 번도 목소릴 내어 주지 않았다
그 침묵을 내가 끊임없이 방해했기 때문이라
그렇게 나는 나를 앓으며, 자유로워지기까지
얼마나 많은 밤이 필요했던가

온몸으로 바람을 만지던 어느 날
나는 섬에게 더 이상 말을 걸지 않았다
인식하지 못한 순간부터
바람이 나를 감싼 것이 아니라
내가 바람을 만지고 있었고
섬은 애초에 말이 없었다는 것을 알았다

온통 거짓말 같은 세상 속에서
바람이 나를 감싸고
섬이 말을 걸어오는 일쯤이야 있을 수 있지 않은가
너도 되고 쟤도 되는데
대체 나는 왜 안 되는 걸까

바다건 파도건 바람이건 돌담이건
섬은 그저, 고요한 섬일 뿐이었다

- 2021. 07. 26.

4-4.

삶은 비극이 자라난 넓은 들판 위에서
저녁이면 저버릴 희망을 기다리는 일
산다고 어련히 살아지지 않는다.

- 2021. 05. 20.

언제부터였을까?
세상이 괴로움으로 가득 차 있음을 알았고, 모든 존재가 고통을 겪는다는 사실을 알았다.
조금 더 정확히 표현하자면, 자연스레 나이를 먹으며 경험이 쌓이면서 문장 그대로
"그냥 알았다."
어느 순간부터 삶은 고통의 바다였으며, 내가 본 타인의 삶도 그 바다를 헤엄치고 있었다.
"그렇다면 대체 왜 살아가는가?" 수십억의 사람들이 죽음이 아닌 삶을 택한 논리적 이유가 궁금했고, 그 이유를 찾기 위해 오랫동안 고민했다. 그 사유의 과정을 앞선 Chapter2에서 다뤘다.

우리나라 인구의 절반은 종교를 가지고 있으며, 그 대부분이 기독교·천주교 그리고 불교 신자이다. 두 거대한 종교에서 서술하는 세상의 논리는 크게 다르지 않다. 기독교와 천주교에 따르면, 인간은 원죄로 인해 타락했고, 세상의 고통은 그 죄의 결과물이다. 인간이 겪는 고통은 하나님께 돌아오기 위한 과정이며, 죄를 뉘우치고 살아간 자에게는 그 보상으로 하나님과 함께하는 영생이 주어진다고 말한다. 불교에서는 애초에 세상이 괴로움으로 가득 차 있다고 본다. 그렇기에 모든 존재는 자연스레 고통을 겪게 되며, 그 고통을 인식하고 탐욕, 무지, 분노를 소멸시켰을 때 비로소 열반에 도달할 수 있다고 말한다. 힌두교, 이슬람교도 역시 이 틀에서 크게 벗어나지 않는다.

종교마다 논리는 다르지만, 어쨌든 세상은 고통의 바다이며, 인간은 각기 다른 이유로 그 바다를 헤엄치는 중이다. 그것이 구원과 영생이든 열반이든.

수의학, 그러니까 의학을 전공한 나는 삶이 고통인 이유를 보다 과학적으로 설명하고 싶었다. 의학에서 말하는 고통은 신체 손상을 알리는 경보 시스템이며, 생존이라는 궁극적 목표를 위해 반드시 필요한 장치이다. 진화론적으로도, 인류는 위험한 환경에서 살아남기 위해 고통과 불안을 반드시 갖추어야 했다. 여기서의 고통은 외로움과 수치심 등 심리적 고통도 포함되는데,

사회적 배척이 신체적 고통처럼 느껴지도록 진화했기 때문에 인간은 무리를 지어 살아갔으며 생존에 더욱 유리해졌다. 뇌과학에서 말하길, 인간의 뇌는 행복보다 고통 회피에 최적화되어 있다고 한다. 쾌락을 유도하는 도파민의 효과는 짧고, 불쾌는 더 강렬하며 지속적이다. 즉, 뇌는 위험 회피에 집중된 시스템이라는 뜻이다. 인간 뇌의 기본 운영 원리는 "불쾌한 상태를 해소하려는 방향"으로 진화했고, 그로 인해 우리는 삶의 많은 시간을 결핍, 불안, 불편함에서 벗어나기 위해 할애했다. 그 결과 자연스레 삶이 고통의 바다처럼 느껴진 것이다. 이뿐만이랴, 인간의 고통을 설명하는 과학적 논리들은 차고 넘친다.

과학과 문학을 모두 사랑하는 나에게는 고통을 바라보는 두 가지 관점이 동시에 존재한다. 과학은 삶을 편리하게 만들고, 인문학은 사람을 사람으로 살아가게 한다. 그런 의미에서 삶의 고통을 바라보는 종교와 인문학적 논리를 나는 사랑하지 않을 수 없다. 인간은 고통을 기억하고, 말하고, 쓴다. 동물은 고통을 피하고 잊지만, 인간은 그것을 기억하고 예술로 만든다. 즉, 문학이란 고통을 언어로 붙들어 두는 그릇이다. 신이 없는 내게 고통을 통해 구원으로 이끌어 줄 종교는 무의미했고, 문학만이 신의 빈자리를 채워 고통을 오롯이 담아내는 그릇이 되었다. 내게 있어서, 또 어쩌면 글을 읽는 당신에게 있어서 고통은 신의 메시지가 아닐 수 있다. 그러나 우리는 고통을 통해 시를 쓰고, 노래를 만들며 존재의 증명을 새긴다. 그러므로 신이 없을지라도, 고통은 어디에도 가지 않으며, 우리 안에 남아 언어가 된다.

당신의 고통도 언어가 되길 바란다.

- 2025. 05. 25.

4-5.

원래 문장이란 그런 것이다.
이해할 수 없는 말들이 쏟아지고
때론 발목까지 물이 차오르기도
때론 목 끝까지 숨이 차오르기도.
그러다 문득 돌아보면
아무 일 없었다는 듯 무심한 글자들로
묵묵히 종이 위를 지켜 내는 것.
그게 문장이 할 일이다.

- 2022. 01.

"문학만이 신의 빈자리를 채워 고통을 오롯이 담아내는 그릇이 되었다."

"내게 있어서, 또 어쩌면 글을 읽는 당신에게 있어서 고통은 신의 메시지가 아닐 수 있다."

"그러나 우리는 고통을 통해 시를 쓰고, 노래를 만들며 존재의 증명을 새긴다."

"그러므로 신이 없을지라도, 고통은 어디에도 가지 않으며, 우리 안에 남아 언어가 된다."

"당신의 고통도 언어가 되길 바란다."

4-6. 틈(slit)과 물리학

나의 글은 [의미 없음]에서 비롯될 때가 많습니다.
요즘은 어떤 주제로 글을 썼는지 잠시나마 떠올려 보지만 그마저도 역시 의미 없는 고민입니다.
하지만 의미 없는 고민도 의외로 꽤 자주 필요합니다.
마감 직전의 카페에는 등을 맞댄 연인이 보입니다.
케이크를 사 주지 않아 다투더니 결국 아예 등을 맞대 버립니다.
하필이면 "최고의 시대이자 최악의 시대"가 눈에 띕니다.
책 표지입니다.

[역설은 등 맞닿아 있다]
[따라서 최고의 시대는 곧 최악의 시대임을 증명한다.]

가만 생각해 보니 나는 닿아 있는 것을 좋아합니다.
그걸 남몰래 충돌이라 부르며 충돌 지점에서 번쩍이는 스파크를 사랑합니다.
나와 너의 충돌, 서로 다른 두 세계의 번쩍이는 충돌

두 세계의 충돌로 비좁은 틈(slit)이 생기고
그 사이로 파도는 기어코 넓은 파장을 일으킵니다.
물리학에서 슬릿을 통과한 파장이 넓디넓게 퍼지는 바로 그 모습입니다.
틈의 크기와 상관없이 모든 점, 선, 면이 일렁입니다.
기적입니다.
틈,
비집고 들어온 무지개, 스펙트럼, 파동과 물리학.
이 글에 무슨 의미가 있을까 생각하지만, 여전히 잘 모르겠습니다.
무언가 의도가 있어 보이지만 사실은 별생각 없습니다.
글처럼, 삶도 똑같더랍니다.
무언가 있어 보이지만 사실은 아무것도 없더랍니다.
그리고 그것을 누구보다 우리 스스로가 가장 잘 알고 있습니다.
그러니 내 글이 [의미 없음]에서 비롯되는 것이 더 이상 이상하지 않다는 것을
여러분도 이해할 수 있을 겁니다.
제주는 장마가 시작되려 합니다.

　　　　　- 2021. 06. 27. 중문 관광단지 안 카페에서 늦은 8시.

제주에서 서핑을 타며 만났던 친구와 다시 제주에 왔다. 이번에는 한달살이의 개념이었다.

여행의 목적은 오직 서핑 하나였고, 위의 글을 쓴 날은 제주에 온 지 10일째 되는 날 밤이었다. 처음으로 무료하다는 감정을 느꼈다. 슬슬 돈 걱정도 시작되는 참이었다.

내 소식을 SNS로 접한 사람들은 연신 "부럽다"를 외쳤고, 나는 갸우뚱 고개를 흔들 뿐이었다. 한달살이가 일종의 공식이 되었다. 재미난 점은, 그 공식에 의하면 내가 행하는 이 삶은 한달살이가 아니었다. 프레임을 벗어났을 때 진정한 '로컬'이 된다.

2년 전, 반년가량 제주에 머물며 나는 로컬처럼 보이고 싶었다. 그만큼 제주가 좋았기 때문이다. 남들이 보기에 여행객처럼 보이지 않고 "저 사람 여기 사나 봐"라는 말을 듣고 싶었다. 로컬로 살며 바다에 질려 보고 싶었다. 길옆에 바다를 두고도 무심히 스쳐 지나갈 수 있을 만큼, 바다에 잔뜩 질려 보고 싶었다. 내 딴엔 그 모습이 로컬이었다.

그렇게 두 계절을 보내고 한라산 꼭대기에 눈 소식이 들려올 때쯤,
나는 진정한 이방인이 되어 있었다.

로컬은 가히 흉내 낼 수 있는 것이 아니었다.

나는 육지 사람, 돌아가야만 했다.

이 바다에 다시 오기 위해, 반드시 이 바다를 한 번 떠나야만 했다.

떠나는 그날까지도 바다가 아쉬워 두 눈 가득 담아 두려 애썼다.

바다 앞에서 나는 언제까지나 이방인일 수밖에 없었다.

4-7.

눈에 보이던 게 전부 바다라
길 가다 발에 치이는 게 바다라
오래 살면 그만큼 지겨울 게 바다라
끝내 지겹지 못했던 게 바다라
그래서 나는 여전히 바다라

- 2021. 07. 22.

"나는 육지 사람, 반드시 떠나야만 한다."

4-8. 니 말이 맞아, 아니 내 말이 맞아.
- 현상에서 본질로, 언어에서 침묵으로
- 언어라는 치명적인 아이러니
- 치명적인 것은 아름답나?

아메리카노에는 까만 받침, 라떼에는 하얀 받침
누가 시킨 건 아니지만, 자연스레 그렇게 해 왔다.
그러다 문득 생각했다.
더욱 투명한 건 우유보다 물인데,
아메리카노엔 오히려 하얀 받침이,
라떼엔 까만 받침이 더 어울리는 것 아닐까?
에스프레소를 물에 타면 검게 흐려지고
우유에 타면 부드러운 갈색이 된다.
아직 섞이지 않은 아래층엔 여전히
물의 투명함이 비치고,
우유의 색이 제 모습 그대로 남아 있다.
하지만 손님상에 나갈 때 즈음엔
모두 섞여 버려 본연의 색을 잃는다.
그렇다면

바리스타 입장에서는
아메리카노에 하얀 받침, 라떼에 까만 받침
손님 입장에서는
아메리카노에 까만 받침, 라떼에 하얀 받침
결국, 입장의 차이다.

- 2021. 06. 14.

  정의(Definition)라는 것도 결국 사람이 쓴 언어인지라 코에 걸면 코걸이 귀에 걸면 귀걸이다.
  우리는 언어를 사용하여 본질에 다가가려 하지만, 사실 언어란 장벽이며 방해물이다. 본질에 다가가려 할수록 되려 설명을 위해 더 많은 말이 필요해지고, 문장의 '해석'은 언제나 '오해'를 낳는다. 그러므로 언어란 본디 장벽이며 방해물이다.
  지난 2021년 시라는 언어를 통해 삶과 인간의 본질을 탐구하던 때, 언어는 불완전하며, 불완전한 언어를 주요한 소통 수단으로 사용하는 인간은 필연적으로 불완전한 존재임을 알았다. 2차원의 개미가 3차원의 세계를 알 수 없듯, 우리는 '언어'라는 차원 안에 갇혀 '본질'이라는 그 너머의 차원에 닿을 수 없다.
  마블 코믹스의 '데드풀'은 설정상 자신이 만화 속 캐릭터임을 자각한 인물이다. 그래서 종종 만화의 사각 프레임을 뚫고, 프레임 밖의 '진짜 인간' 즉, 독자에게 말을 건네곤 한다. 우리가 만약 언어라는 한계에서 벗어나 본질에 다다를 수 있다면, 우리도 데드풀처럼 장벽 밖 누군가에게 말을 걸 수 있지 않을까?

나는 수학과 물리학이란 언어가 그것을 해낼 수 있다고 믿는다.

4-9.

'우리'라는 단어가 동음이의어인 것을 발견하고는
나는 아이처럼 기뻐했습니다
우리(Us), 그러니까 우리가 만든 우리(Cage)에 함께 갇히자고
내일이면 태풍이 찾아온대도, 눈앞의 섬을 향해 나아가자고
수평선 너머 큰 배 한 척 지나간대도, 손 흔들지 말고 영원토록 함께 고립되자고
이건 아름다운 구속, '우리'라는 구속이라고

- 2024.

4-10. 하루살이 꽃

   달그락- 설거지 소리가 알람처럼 온 집안에 퍼진다
   저녁 시간 이후, 집안 풍경은 사뭇 진지하다
   아버지는 1층 식탁에서 기사 시험을 준비하시고
   어머니는 2층 큰 방에서 한문 책을 번역하신다
   나는 커피든 술이든 액체가 담긴 잔을 들고 2층 작은 방으로 향한다
   타닥타닥- 기계식 키보드 소리가 울린다
   가로등 불빛이 켜질 때면 남자의 생각도 피어오르고
   하루살이꽃처럼 피고 지는 생각을 옮겨 적는다
   방 안의 불을 끈다
   허리를 펴고 일어나 인센스 스틱에 불을 붙인다
   그즈음이면 잠에서 깬 고양이가 두 발로 방문을 밀며 들어온다
   인센스 스틱의 연기가, 안아 달라는 고양이의 울음소리가, 기계식 키보드 소리가,
     글을 읽어 보는 목소리가 방 안 가득 피어오른다
     매일을 피고 지는 꽃이다

                                            - 2022. 02.

Chapter4의 글들을 쭉 읽어 온 독자라면, 이번 시를 읽고 다소 놀랐을지도 모른다. 이상하리만큼 일상적이고, 생각할 거리라곤 없는 일종 풍경화처럼 보이기 때문이다. 그래서 처음엔 이 시를 아예 빼 버릴까 고민하기도 했지만, 결국 넣기로 했다.

이 시는 필요한 침묵이다.
때때로 철학보다 더 깊은 철학은 침묵을 아는 글에서 나온다.

이 시와 같은 일상이 있었기에, 거대한 사유가 하나의 문장으로 태어나는 날도 가능했다. 그러므로 이 글은 심심한 글이 아니다.
숨을 쉬게 해 주는 방이고,
그 방의 창문이며,
인센스 스틱의 향기고,
필요한 침묵이다.

그래서 이 글만은
2022년에 쓴 원문을 수정 없이 그대로 담았다.

4-11. 묘사

밤거리가 잠수한다
붐비던 점심시간의 읍내 거리도 밤과 함께 숨을 멈추고
가로등 불빛만이 바닥의 넙치마냥 외눈을 끔뻑인다
이 시골 바닥엔 눈 없는 사람이 많다
빛이 들어앉을 자리가 없어 맹인마냥 더듬더듬
드물게 지나가는 봉고 트럭만이 시퍼런 상향등을 밝힌다
밤사이 추웠던 바위산 꼭대기서 발이 달린 안개가 내려오고
죽다 일어선 풀이 첫 숨을 들이쉰다
수면 아래 잠겼던 아침이
다시 숨을 토해 낸다

- 2022. 05. 20.

4-12. 부분과 전체

   시의 모호함 속에는 수천 수만의 이야기가 담겨 있어
   그 이야기 속에는 감정이 숨어 있는데, 그건 숨겨질 수밖에 없었던 거야
   논리라는 이름으로 불필요한 문장을 지워 가면, 결국
   단 하나의 단어도 남지 않아
   그렇게 파도같이 들숨과 날숨만을 반복하게 돼

   나는 말이야,
   파도를 보고 지구가 살아 있다고 믿었어

   부분을 보고 전체를 판단했기에 그건 참 어리석은 생각이었어
   그리고 어리석다는 사실을 너무나도 늦게 깨달았지
   인간은 불필요하게 의미를 부여하곤 하고, 나도 하는 수 없이 인간이더라

   시란,
   가장 비효율적인 방식으로 말하는 방법이며

그렇기에 의미를 잡아 숨겨 두기 적합하지

멀지 않은 미래에 기계와 인공 지능의 특이점이 올 테고
언젠가 우리는 단어 하나 나열하지 않고도 시를 쓰게 될 거야

그날이 빨리 오면 좋겠어
그럼 나는 숨만 쉬어도 시를 쓰고 있는 셈이니까

파도를 보고 살아 있다고 착각했던 것처럼

- 2022. 06. 13.

"의미의 과잉과 언어의 무력
그 사이를 영원히 서성거리는 시인의 허망함
그 허망함에서 뿜어지는 참을 수 없는 도파민
어리석음을 아는데도, 또다시 쓰게 되는 시라는 언어."

4-13. 이면

서울 이곳은
달이 뒷면과도 같은 이면을 숨기고 있더랬다
서울을 떠날 때면 항상
출처를 알 수 없는 감정이 밀려오곤 한다
밝고 웃음 넘치는 번화가 뒤편에
온갖 설움과 고통을 온몸으로 받아 내는 것들이 있다

내 눈이란 것은
가로등 불빛보다
그 아래 형성된 그림자에 시선이 간다
본 적 없는 달의 어둔면이
수억 년간 운석을 막아 왔듯
이 서울의 생기에는
감히 매길 수 없는 설움의 총량이 서려 있다

나는 그게 참 슬프다

- 2022. 07. 22.

일차원적인 감각에 집중할 때면, 삶을 대하는 태도가 너무 단순한 것은 아닌지 생각하게 된다. 찰과상 위에는 딱지가 생기고, 그 사이에는 형용할 수 없는 치유의 과정이 놓여 있다. '아픔'과 '회복'이라는 단어는 흔히 멋진 키워드로 소비되지만, 그 둘 사이의 흐름, 그 고통과 인내의 순간을 놓친다면, 삶의 진짜 결을 보지 못한 셈이 된다.

시인이란 본디, 가장 비효율적인 방식으로 세상을 감각하고, 그 감각으로 문장을 구성하는 사람이다. 그러므로 시인은 겉으로 드러난 의미 너머, 이면을 보려는 사람이어야 한다. 그것은 마치 달의 뒷면을 보려는 일과도 닮았다. 인류는 달의 뒷면을 맨눈으로 보기 위해 사람을 실은 우주 왕복선을 만들어야 했다. 지난 1968년 12월 24일, 크리스마스 이브. 아폴로 8호에 탑승한 세 명의 우주비행사 프랭크 보먼, 짐 러벨, 윌리엄 앤더스는 지구의 그 어떤 생명체도 본 적 없는 달의 이면을 목격했다. 그들이 달의 뒷면에 머무는 동안 지구와의 모든 교신은 끊겼고, 약 45분 동안 그들은 말 그대로 우주 한가운데 고립된 채 존재했다. 그 위대한 고립이 있었기에 우리는 비로소 달의 '전면'이 아닌 '이면'까지 볼 수 있었다.

시란 그런 것이다. 눈앞의 불빛만을 묘사하지 않고, 그것을 떠받치는 어둠까지도 끌어안는 일. 그러므로 시인은 언제나 달의 뒷면으로, 사회의 이면으로 시선을 던지는 사람이다. 그 어둠이야말로 우리가 알아야 할 진실이며, 시인은 그것을 견디는 발화자다.

　이 어찌 슬프지 않겠는가.

4-14.

꿈자리가 사납다
꿈에서 현실을 꾼다
수몰될 운명인 아찔한 문명의 끝자락에서
모든 글은 관계에 대한 것

심장 밑바닥 오목에서
피딱지 같은 잉크가 솟아오른다
불온하다
시다

- 2022. 09. 22.

문장을 쓴다는 건 머리로 사고하는 일 같지만, 실은 철저히 신체적인 행위다.
  심장 밑 오목한 곳에서 가장 날것의 감정이 터져 나올 때, 비로소 '무언가' 적힌다.
  잉크는 피의 방언이다.

고통과 기억이 섞여 끓어오를 때, 단어는 딱지가 되어 종이 위에 말라붙는다.

그러므로 시는 종종 불온하고, 읽히기도 전에 이미 시다.

글이란 결국, 관계의 흔적이다.

붙잡지 못한 손, 말하지 못한 문장, 끝내 고르지 못한 단어의 자리.

그 자리를 말의 잔해로 채우는 일.

그게 내게는 시였다.

4-15. 노을의 꼭짓점

정교한 마술 트릭 같은 하루가 지났다.
당신은 나를 보고 삼촌 규식의 이름을 불렀고, 우린 모두가 웃었다.
오빠라는 호칭의 작은 할아버지는 가만히 안경을 벗으며 자리를 떠났고, 나는 여전히 웃었다.
"저는 재현이에요. 여기 홍식이 둘째 아들 재현이!"
"… 규식이도 장가갈 때 되지 않았어?"
우린 다시 한 번 웃었다.

원점으로의 회기.
질병이 없는 상태를 정상이라 칭하지만,
되려 질병이 있을 때 더욱 정상적으로 도는 것 같은 삶의 톱니바퀴. 아이러니.
당신은 자연스럽게 지는 해다.
모든 태양이 그러했듯, 당신의 양 뺨에도 붉고 뜨거운 것이 흐른 적 있겠지.
돌아본 시선의 부분마다 청춘의 이야기가 길거리 은행 열매처럼 흐드러져 있을 테고,

짓이긴 이야기의 틈새마다 코를 찌르는 향기가 뿜어졌을 거야. 가슴 저릿하게.

그 마지막의 마지막, 시선의 끝 꼭짓점에는 사랑했던 당신의 '당신'이 있겠지.

"아니, 규식이가 아니라 재현이!"
"그럼 이 사람은 누구야?"
"… 누구긴 누구야! 내 낭군이지!"

돌고 도는 톱니바퀴.
그럴 수 없이 우리 모두 원점으로 회기하는 중이고,
살아가는 것과 죽어 가는 것은 어쩌면 동의어일지도 모른다.
인생 크게 다를 것 없고, 과거의 당신도 그것을 깨달았던 때,
당신도 나와 같이 벌건 대낮부터 맥주를 마시며 행복에 대해 논했겠지.
그 옛날 당신 시선의 꼭짓점, 노을의 꼭짓점에서.
사랑하는 낭군과 함께.

- 2023. 10. 14. 고모할머니께.

"기억이 흐릿해질수록, 사랑은 더 분명해진다."

4-16. 아침은 온다

차올랐던 공단 오거리 골목의 그림자도
아침과 함께 썰물 되어 사라진다
시와 인생은 허무주의라며, 애석하게도
부딪히던 술잔마다 희망의 메시지가 튀어나온다
뒤통수에선 아침 해가 짜글이찌개처럼 부글부글 솟아오른다
저길 봐, 달이 아직 있으니 밤인 셈 치자는 친구 녀석의 농담에
그믐달 하나가 없는 표정으로 고개를 돌린다
저게 대체 웃는 표정인지 우는 표정인지
그렇게 아침이 온다
그럼에도
아침은 온다

- 2023. 11. 22.

Chapter4. 마무리

그렇게 내 언어들도 시가 될 수 있었을까?
내가 믿는 시의 모습이 다른 이에게도 시로 보였을까?
하물며 이 Chapter의 시가 누군가에게 읽히긴 했을까?
혹시라도 누군가 읽고 하염없는 눈물을 흘렸을까?

책을 마무리하며

 미숙한 이 책을 끝까지 함께 걸어 주셔서 감사합니다.
 나는 나조차도 이해할 수 없는 문장들 속에서 나를 발견했고, 때로는 잃어버리기도 했습니다.
 그러나 그 불완전함 속에서 당신이 당신만의 의미를 발견한다면, 그 순간 이 책은 더 이상 나의 것이 아니라 우리의 것이 될 것입니다.

 이 글들이 당신의 하루에 아주 작은 틈새로 스며들기를, 그래서 당신만의 목소리로 다시 태어나기를 바랍니다.

 그렇게 당신의 고통도, 하나의, 해석할 수 없이 아름다운 언어가 되기를.

- 2025년 여름, 신재현 올림

나조차도
이해할 수 없는 문장이
쏟아져 나오곤 한다

ⓒ 신재현, 2025

초판 1쇄 발행 2025년 10월 20일

지은이	신재현
펴낸이	이기봉
편집	좋은땅 편집팀
펴낸곳	도서출판 좋은땅
주소	서울특별시 마포구 양화로12길 26 지월드빌딩 (서교동 395-7)
전화	02)374-8616~7
팩스	02)374-8614
이메일	gworldbook@naver.com
홈페이지	www.g-world.co.kr

ISBN 979-11-388-4843-5 (03810)

- 가격은 뒤표지에 있습니다.
- 이 책은 저작권법에 의하여 보호를 받는 저작물이므로 무단 전재와 복제를 금합니다.
- 파본은 구입하신 서점에서 교환해 드립니다.